BROKEN DREAMS
Childhood at the Sima de los Huesos

SUEÑOS ROTOS

La niñez en la Sima de los Huesos

ORGANIZA Y PRODUCE:
Museo de la Evolución Humana
Fundación Siglo para el Turismo
y las Artes de Castilla y León
Consejería de Cultura, Turismo y Deporte.
Junta de Castilla y León

COLABORAN:
Museo de Burgos.
Junta de Castilla y León
Teresa Guerrero Serrano; Marcos Terradillos Bernal; Rafael Trobat Bernier

COMISARIADO:
Juan Luis Arsuaga Ferreras
y Raquel Asiain Román

ASESORÍA CIENTÍFICA:
Elena Santos Ureta

DIRECTOR GERENTE DEL MEH-SISTEMA ATAPUERCA:
Rodrigo Alonso Alcalde

DIRECTOR CIENTÍFICO DEL MEH:
Juan Luis Arsuaga Ferreras

COORDINACIÓN DE PRODUCCIÓN:
Gonzalo de Pedro Andrés

GESTIÓN Y COMUNICACIÓN:
Sandra Canduela Pineda,
Gonzalo de Santiago Salinas
y Antonio José Mencía Gullón

DISEÑO GRÁFICO:
Marta San Martin

MUSEOGRAFÍA:
Jaime Castañeda Crespo (Sin_Formato)

TEXTOS:
Juan Luis Arsuaga Ferreras
y Raquel Asiain Román

ILUSTRACIONES:
Kennis & Kennis / MSF;
Javier Trueba / Madrid Scientific Films.

AGRADECIMIENTOS:
Ana Fuentes Fernández,
Nohemi Sala Burgos, Inés Perdices Salinas
y Lucía Santana Viniegra

CATÁLOGO

EDITA:
Museo de la Evolución Humana.
Fundación Siglo para el Turismo
y las Artes de Castilla y León.
Consejería de Cultura, Turismo y Deporte.
Junta de Castilla y León.

AUTORES:
Juan Luis Arsuaga Ferreras,
Raquel Asiain Román
y Gonzalo de Pedro Andrés

TEXTOS:
Juan Luis Arsuaga Ferreras
y Raquel Asiain Román

FOTOGRAFÍAS E ILUSTRACIONES:
Kennis & Kennis / MSF; Rafael Trobat Bernier,
Javier Trueba / Madrid Scientific Films

DISEÑO Y MAQUETACIÓN:
Marta San Martin

IMPRESIÓN Y ENCUADERNACIÓN:
Imprenta Amábar S.L.

DL: VA 323-2025

ISBN: 978-84-92572-24-3

ÍNDICE

CONTENTS

En esta exposición se presentan tres cráneos fósiles de la Sima de los Huesos, en la Sierra de Atapuerca (Burgos). Los homínidos de este yacimiento son antepasados de los neandertales.

Estos tres individuos murieron en la edad que llamamos preadolescencia, el final de la infancia. La edad de nuestros sueños y fantasías. Luego nos llega la pubertad, que es la época de la tormenta hormonal y del gran cambio físico y mental.

Dos de estos individuos presentan graves patologías. El Cráneo 11 sufrió un golpe en la ceja izquierda, aunque sabemos que sobrevivió al accidente porque el hueso muestra signos de regeneración.

El Cráneo 14 es un caso muy singular. A esta niña se le cerró muy tempranamente una de las suturas del cráneo. Como resultado el crecimiento fue asimétrico, deforme. Como el cerebro no podía crecer normalmente la presión intracraneal sería elevada, con trastornos de la conducta y fuertes dolores de cabeza.

La deformación también afectaría a la cara porque las dos articulaciones de la mandíbula con el cráneo se encuentran a diferente altura. Se trata del caso patológico más antiguo diagnosticado en un ser humano. El que la niña sobreviviera tantos años en estas condiciones indica que disfrutó de muchos cuidados.

Sin embargo, estos tres preadolescentes acabaron muriendo por alguna razón. Y hay razones para pensar que fueron asesinados.

This exhibition features three fossil skulls from the Sima de los Huesos site in the Sierra de Atapuerca (Burgos). The hominins found at this site are considered ancestors of the Neanderthals.

These three individuals died during pre-adolescence - the final stage of childhood. It's the age of dreams and imagination before the onset of puberty—a period marked by intense hormonal changes and significant physical and mental transformations. Two of these individuals present serious pathologies. Cranium 11 shows evidence of a traumatic blow to the left brow. However, the bone displays signs of healing, indicating that the individual survived the injury.

Cranium 14 is a highly unusual case. One of the cranial sutures in this girl closed at a very early age. As a result, growth was asymmetric and deformed. Since the brain could not develop normally, intracranial pressure would have been elevated, likely leading to behavioural disturbances and severe headaches.

The deformity also affected her face: the two joints that articulate the lower jaw to the skull are at different levels. This is the earliest known pathological case diagnosed in a human ancestor. The fact that the girl lived in this condition suggests she received considerable care and attention.

Even so, these three pre-adolescents died young — and there are reasons to believe they may have been murdered.

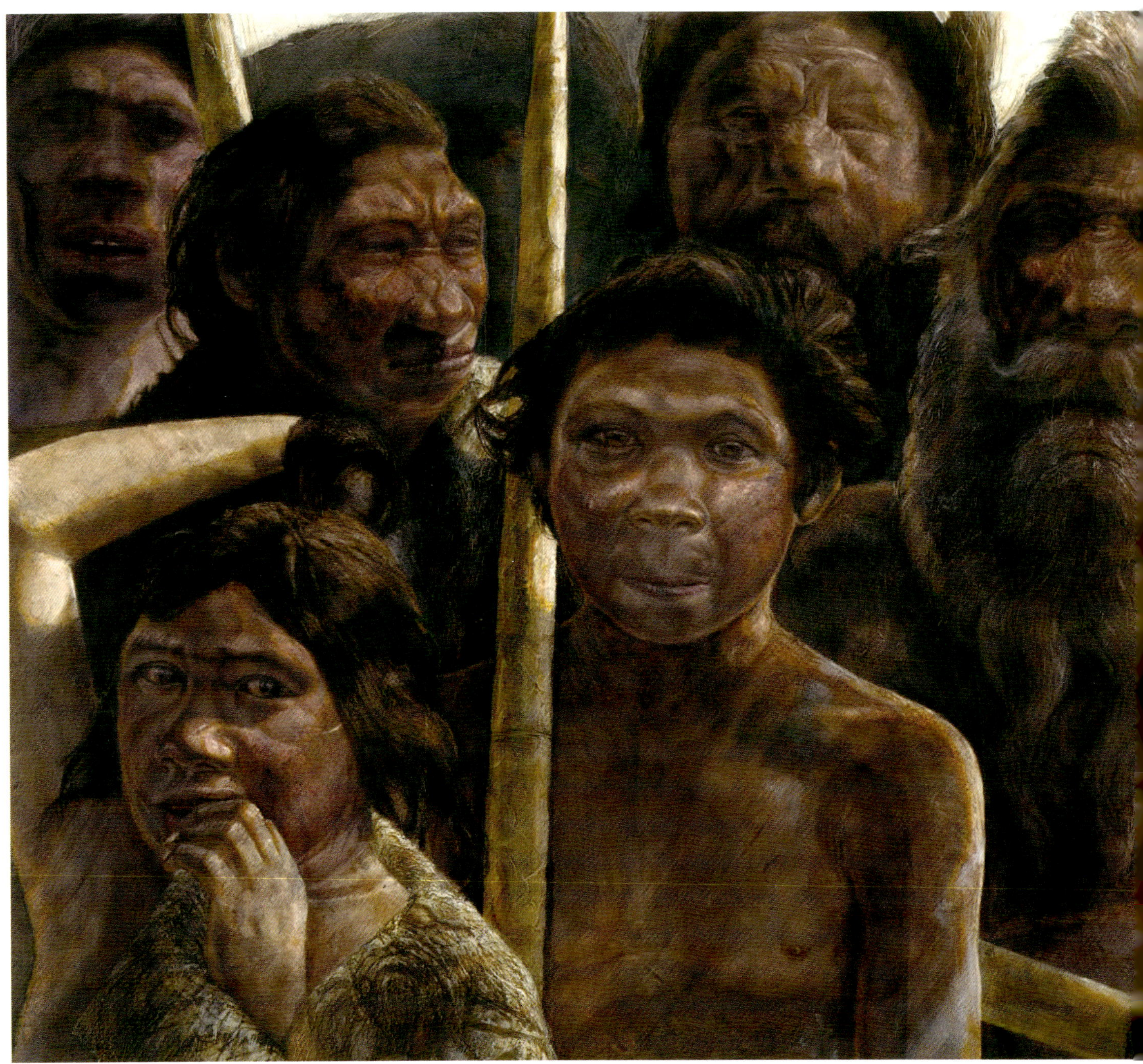

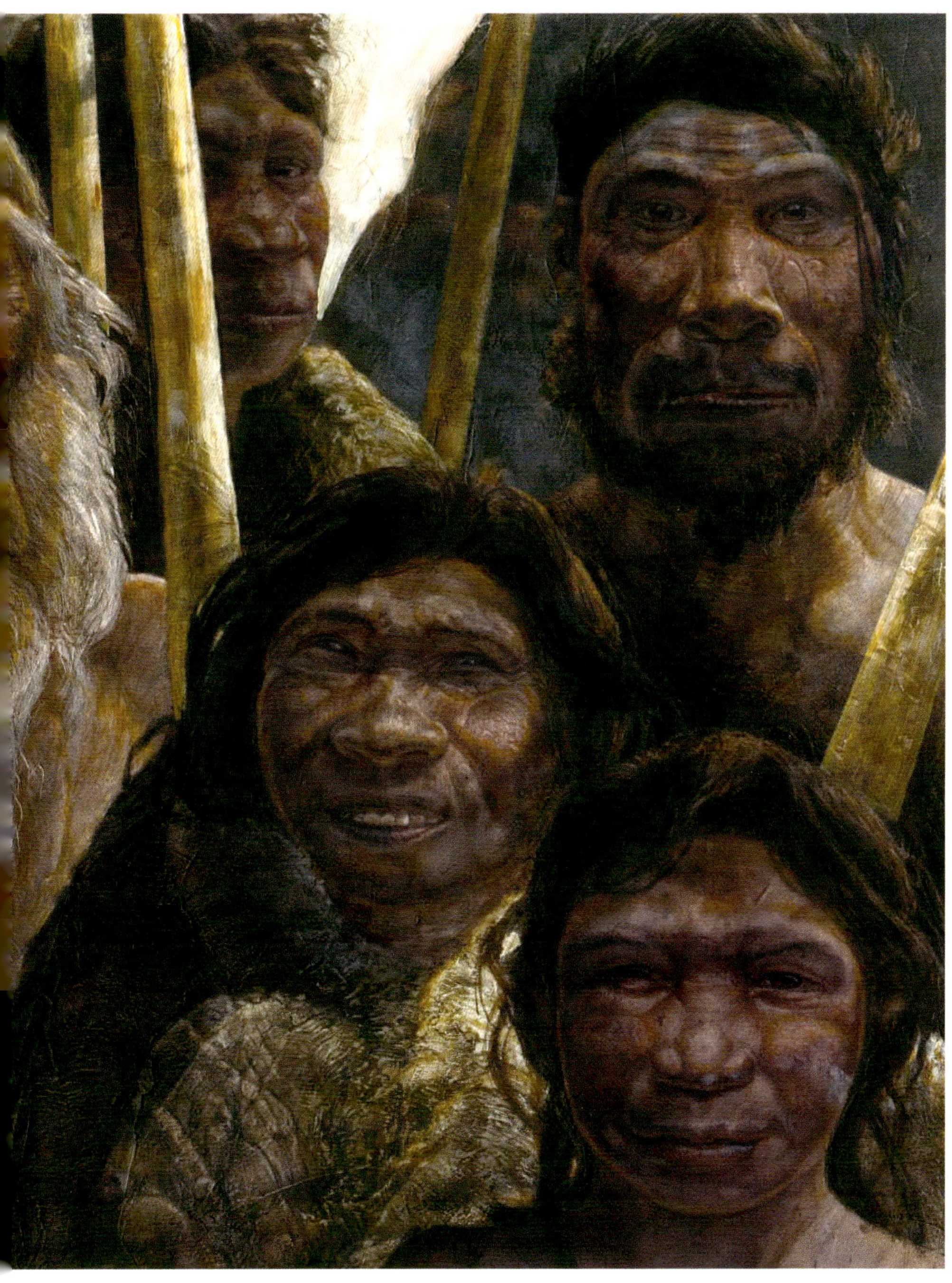

HALLAZGO DEL CRÁNEO 14: CIENCIA EN ACCIÓN

DISCOVERY OF CRANIUM 14: SCIENCE IN ACTION

Estas imágenes documentan el hallazgo del Cráneo 14 en la Sima de los Huesos en 2001. Muestran el proceso de excavación, registro e identificación de sus fragmentos. Cada paso fue esencial para reconstruir este particular caso patológico en la evolución humana.

These images document the discovery of Cranium 14 at the Sima de los Huesos site in 2001. They show the process of excavation, recording, and identification of its fragments. Each step was essential in reconstructing this particular pathological case in human evolution.

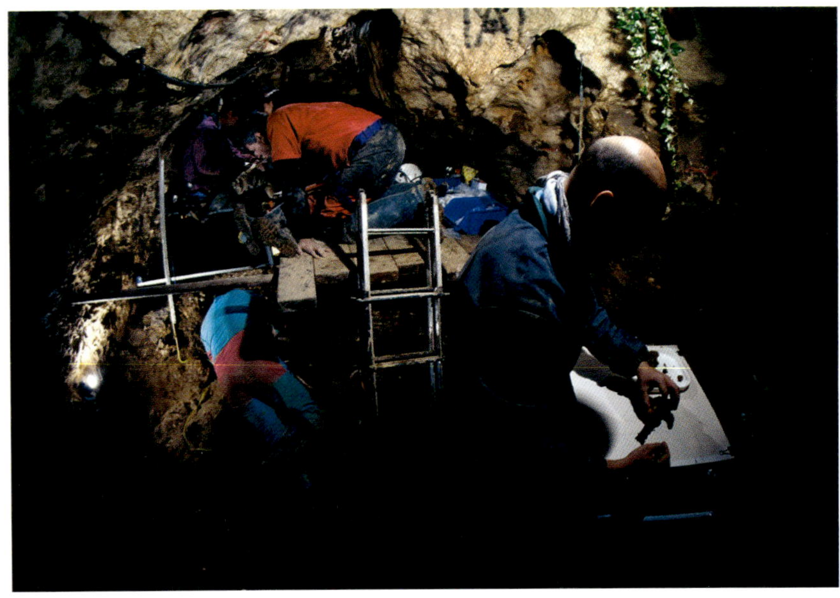

TRABAJO DE EXCAVACIÓN EN LA SIMA DE LOS HUESOS

(Cueva Mayor, Sierra de Atapuerca)

EXCAVATION WORK AT THE SIMA DE LOS HUESOS

(Cueva Mayor, Sierra de Atapuerca)

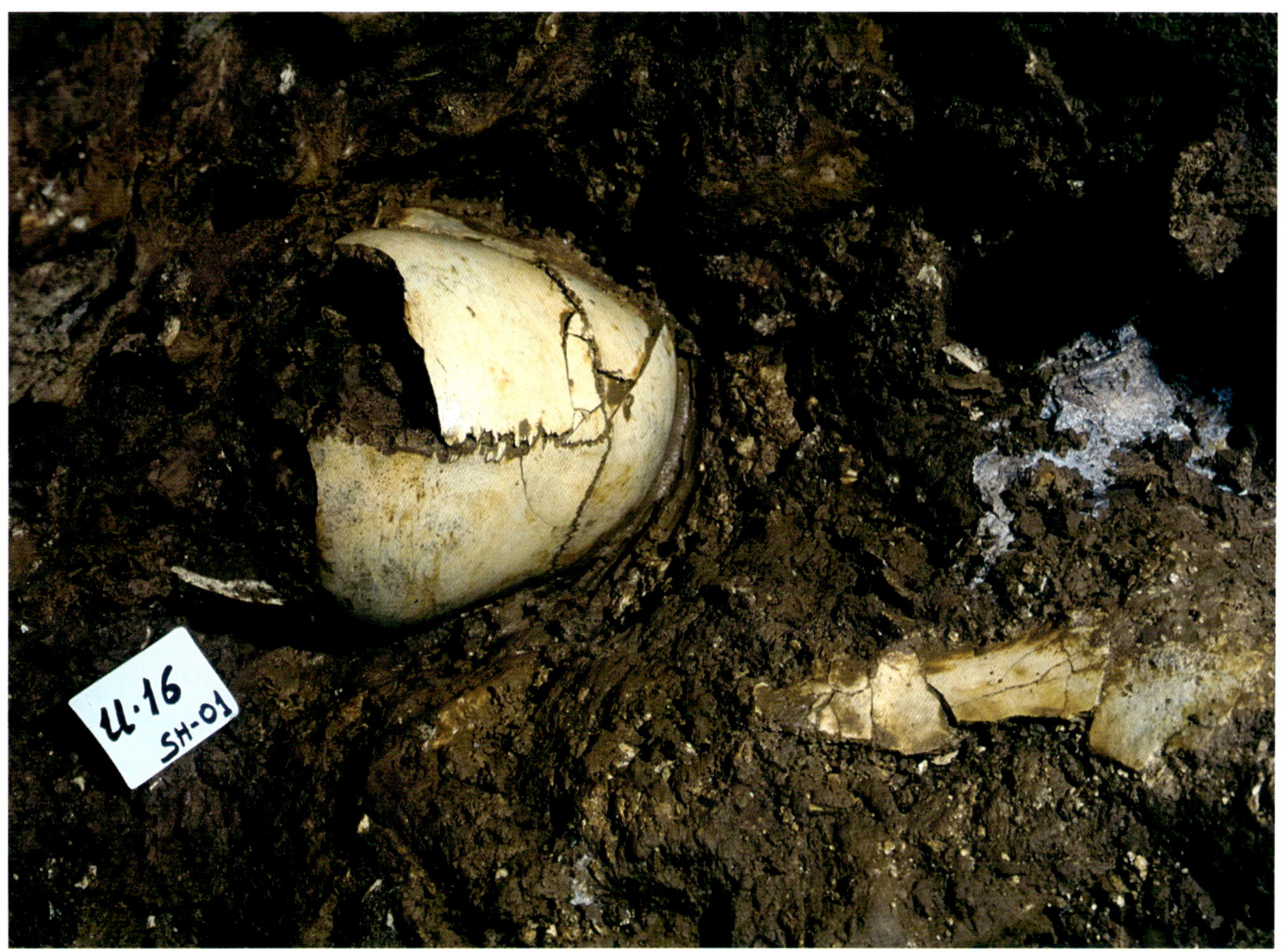

**EXCAVACIÓN DEL CRÁNEO 14
EN EL AÑO 2001**

Sima de los Huesos (Cueva Mayor, Sierra de Atapuerca)

**EXCAVATION OF CRANIUM 14
IN 2001**

Sima de los Huesos (Cueva Mayor, Sierra de Atapuerca)

EQUIPO DE LA SIMA DE LOS HUESOS DURANTE EL HALLAZGO DEL CRÁNEO 14 EN 2001

Sima de los Huesos (Cueva Mayor, Sierra de Atapuerca)

SIMA DE LOS HUESOS TEAM DURING THE DISCOVERY OF CRANIUM 14 IN 2001

Sima de los Huesos (Cueva Mayor, Sierra de Atapuerca)

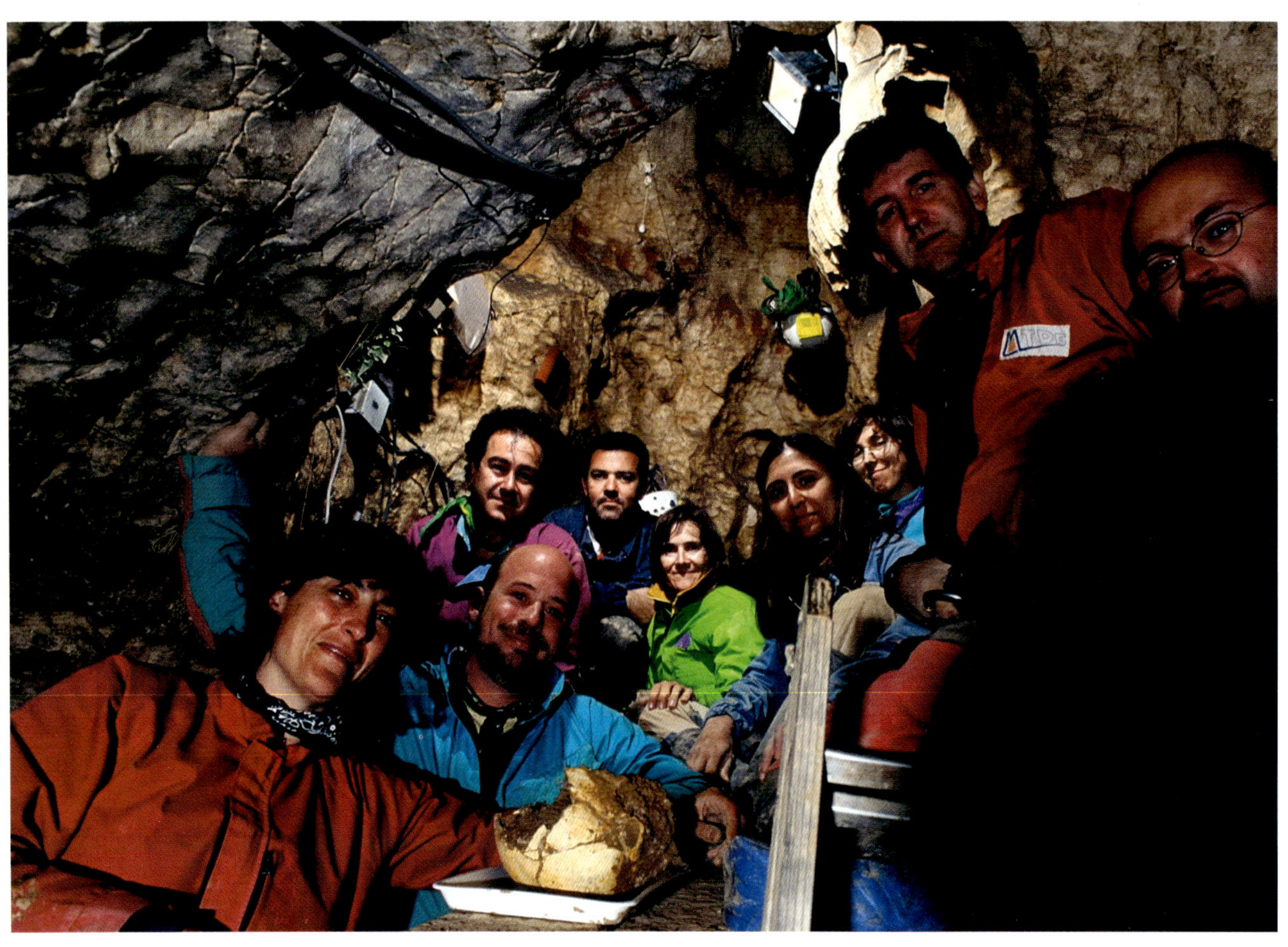

EL CRÁNEO 14 TRAS SU EXTRACCIÓN DEL YACIMIENTO, ANTES DE SER RESTAURADO

Sima de los Huesos
(Cueva Mayor, Sierra de Atapuerca)

CRANIUM 14 AFTER ITS RECOVERY FROM THE SITE, BEFORE RESTORATION

Sima de los Huesos
(Cueva Mayor, Sierra de Atapuerca)

IDENTIFICACIÓN DE LOS FRAGMENTOS DEL CRÁNEO 14 ANTES DE SU RECONSTRUCCIÓN

Antes de poder reconstruir el cráneo, fue imprescindible identificar y analizar cuidadosamente cada uno de sus fragmentos. Esta identificación permitió realizar una reconstrucción anatómicamente rigurosa.

IDENTIFICATION OF CRANIUM 14 FRAGMENTS PRIOR TO RECONSTRUCTION

Before the cranium could be reconstructed, each fragment had to be carefully identified and analysed. This process made it possible to achieve an anatomically accurate reconstruction.

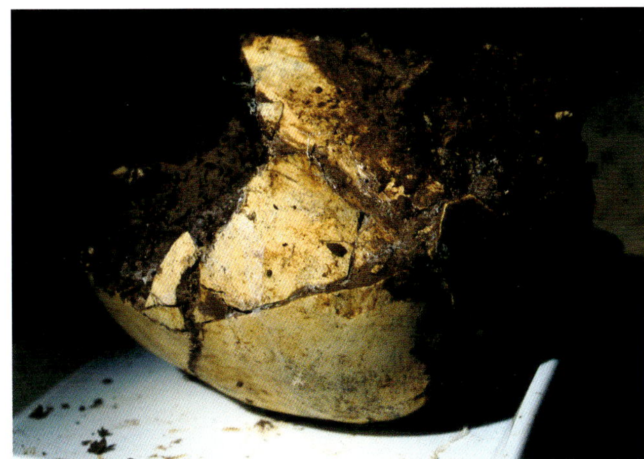

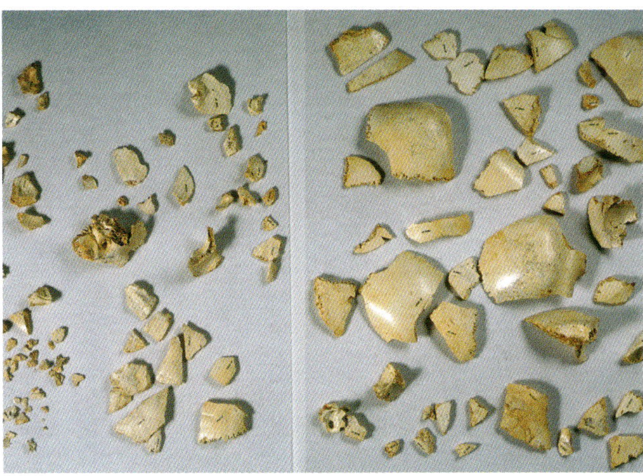

EL MALECÓN DE MANAGUA

THE WATERFRONT OF MANAGUA

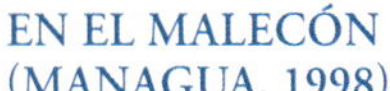

EN EL MALECÓN (MANAGUA, 1998)

Rafael Trobat
Emulsión gelatino-bromuro de plata.
Copia a la plata, soporte baritado.

ON THE WATERFRONT (MANAGUA, 1998)

Rafael Trobat
Gelatin silver print (bromide)
Baryta paper

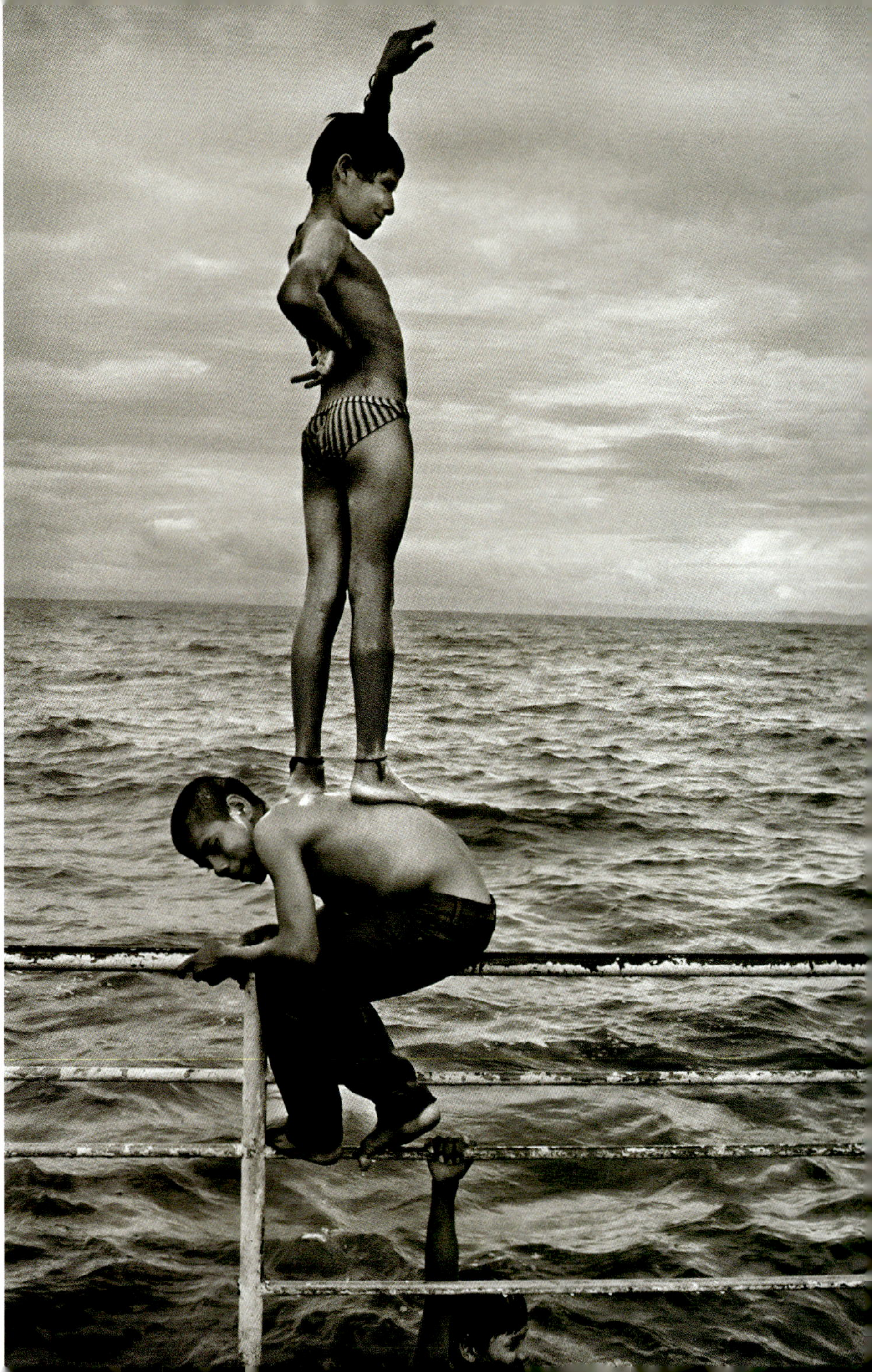

Tres niños juegan en el malecón de Managua tras el paso del Huracán Mitch en 1998. Son "huelepegas", niños de la calle que esnifan pegamento para escapar de una vida rota antes siquiera de haberla empezado. Aun así, ríen, corren y sueñan.

La fotografía capta ese momento de alegría efímera pese a las dificultades. Como los preadolescentes de la Sima, sus vidas hablan de sueños rotos, pero también del impulso vital que, pese a todo, persiste.

Three children play on the Managua waterfront after Hurricane Mitch in 1998.They are *huelepegas*, street children who sniff glue to escape a life already broken before it has even begun. And yet, they laugh, run, and dream.

The photograph captures that fleeting moment of joy despite the hardship. Like the pre-adolescents from the Sima, their lives speak of broken dreams—but also of the vital impulse that, against all odds, endures.

PETER PAN Y WENDY

¿Quién no conoce a Peter Pan y Wendy? Son dos niños preadolescentes. Peter Pan lo fue para siempre, Wendy creció, como lo hacemos todos.

Nuestra especie es única en cuanto al modelo de desarrollo. En la preadolescencia el cerebro ha alcanzado ya el tamaño adulto, pero el cuerpo es todavía infantil.

A continuación, sobreviene la pubertad, que es la primera parte de la adolescencia y el final de la edad de los sueños. En poco tiempo el cuerpo iguala al cerebro en el crecimiento.

En las demás especies de mamíferos, incluyendo a chimpancés y bonobos, el cerebro y el cuerpo crecen paralelamente y no existe el fenómeno de la pubertad humana.

La ciencia trata de averiguar cuándo apareció la pubertad en la evolución humana. Ciertamente no en los australopitecos, pero ¿pasaban los neandertales "la edad del pavo"?

PETER PAN & WENDY

Who isn't familiar with Peter Pan and Wendy? Both are children. Peter Pan remained there forever while Wendy grew up - as we all do.

Our species is unique in its developmental pattern. By pre-adolescence, the human brain has already reached its adult size, while the body still retains its childlike form.

Then comes puberty - the first phase of adolescence and the end of the age of dreams. In a short span, the body catches up with the brain in its rapid growth.

In other mammal species, including chimpanzees and bonobos, brain and body growth occur in parallel. The distinct phenomenon of human puberty does not exist.

Science seeks to determine when puberty first appeared in human evolution. Certainly not in the australopithecines, but did Neanderthals go through "the awkward age of puberty"?

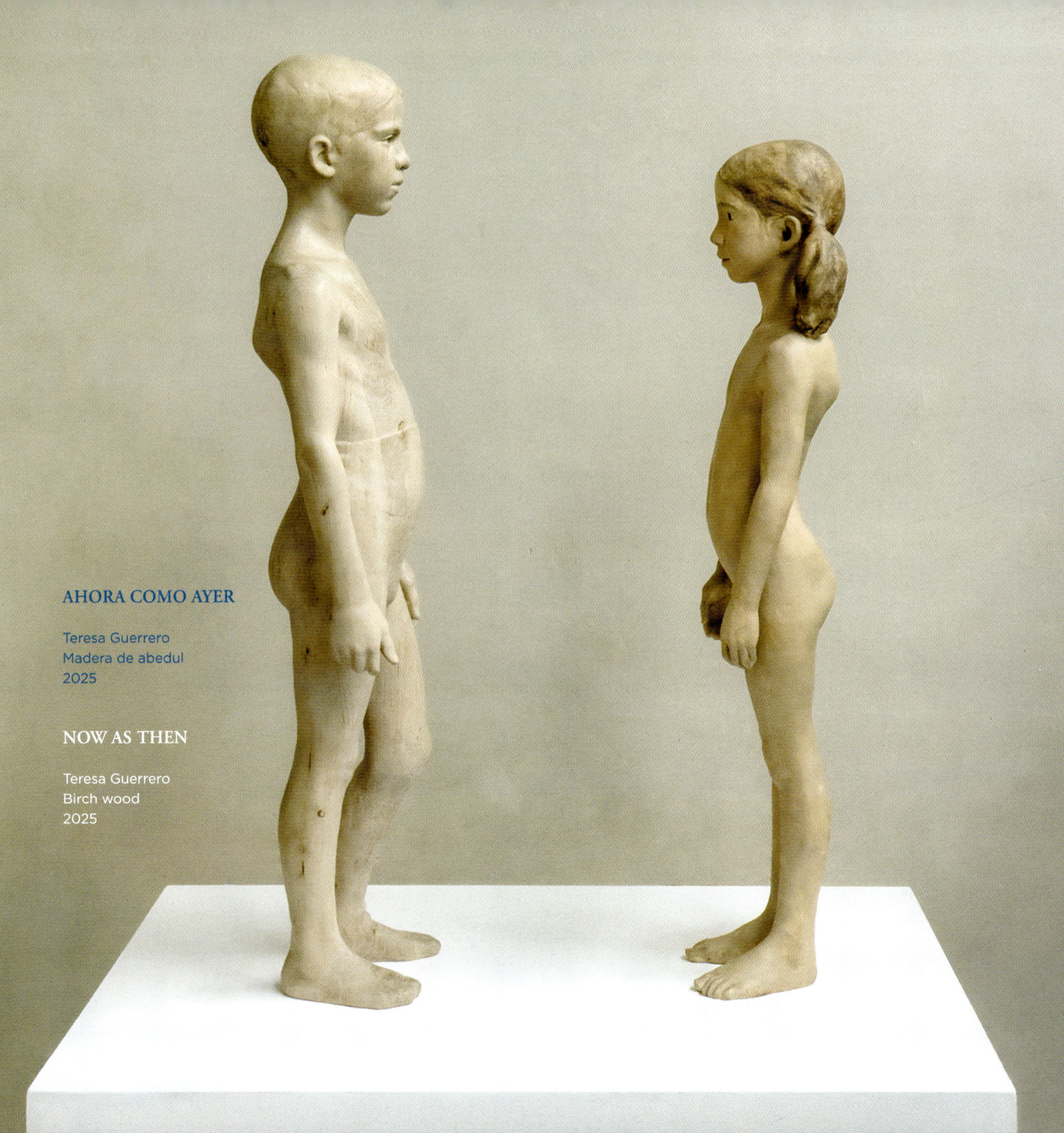

AHORA COMO AYER

Teresa Guerrero
Madera de abedul
2025

NOW AS THEN

Teresa Guerrero
Birch wood
2025

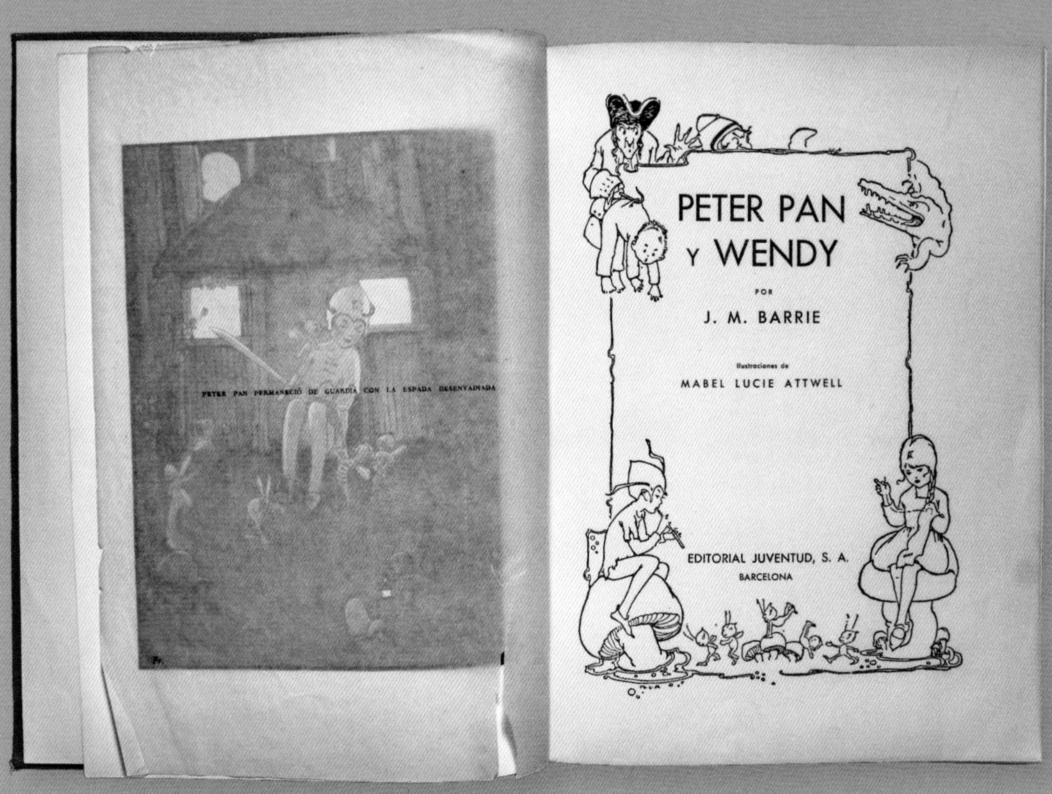
PETER PAN PERMANECIÓ DE GUARDIA CON LA ESPADA DESENVAINADA
PETER PAN
Y WENDY
POR
J. M. BARRIE
Ilustraciones de
MABEL LUCIE ATTWELL
EDITORIAL JUVENTUD, S. A.
BARCELONA

En 1935 se publicó en España la primera edición de lujo de *Peter Pan y Wendy*. Sólo un año después, la Guerra Civil truncó los sueños de muchos niños. Como en la Sima de los Huesos, la niñez quedó interrumpida por la violencia.

PETER PAN Y WENDY

J. M. Barrie
Primera Edición de lujo española, 1935
Traducción María Luz Morales, Ilustraciones
Mabel Lucie Attwell
Editorial Juventud, Barcelona
Colección Juan Luis Arsuaga

In 1935, the first deluxe edition of *Peter Pan and Wendy* was published in Spain. Just one year later, the Civil War shattered the dreams of many children. As in the Sima de los Huesos, childhood was cut short by violence.

PETER PAN AND WENDY

J. M. Barrie
First Spanish deluxe edition, 1935
Translation by María Luz Morales, illustrations
by Mabel Lucie Attwell
Editorial Juventud, Barcelona
Juan Luis Arsuaga Collection

Todos los niños del mundo menos uno, crecen. Y no sólo crecen, sino que en seguida saben que han de crecer. Nuestra Wendy lo supo del modo siguiente:

Cierto día, cuando sólo contaba dos años, estaba jugando en un jardín; arrancó una flor y corrió a llevársela a su madre. Es de suponer que debía estar encantadora, pues la señora Darling poniéndose una mano sobre el corazón, exclamó: "¡Oh! ¿Por qué no habías de quedarte así para siempre?" Nada más que esto sucedió entre las dos, pero, desde entonces, Wendy supo que crecería. Se sabe esto siempre después de cumplir los dos años.

Los dos años son el principio del fin.

Primer párrafo del libro de J.M. Barrie –
***Peter Pan y Wendy*, edición española de 1935**

All children, except one, grow up. They soon know that they will grow up, and the way Wendy knew was this:

One day when she was two years old she was playing in a garden, and she plucked another flower and ran with it to her mother. I suppose she must have looked rather delightful, for Mrs. Darling put her hand to her heart and cried,' Oh, why can't you remain like this for ever!' This was all that passed between them on the subject, but henceforth Wendy knew that she must grow up. You always know after you are two.

Two is the beginning of the end.

First paragraph from J.M. Barrie's *Peter Pan and Wendy* –
Hodder & Stoughton edition, 1921

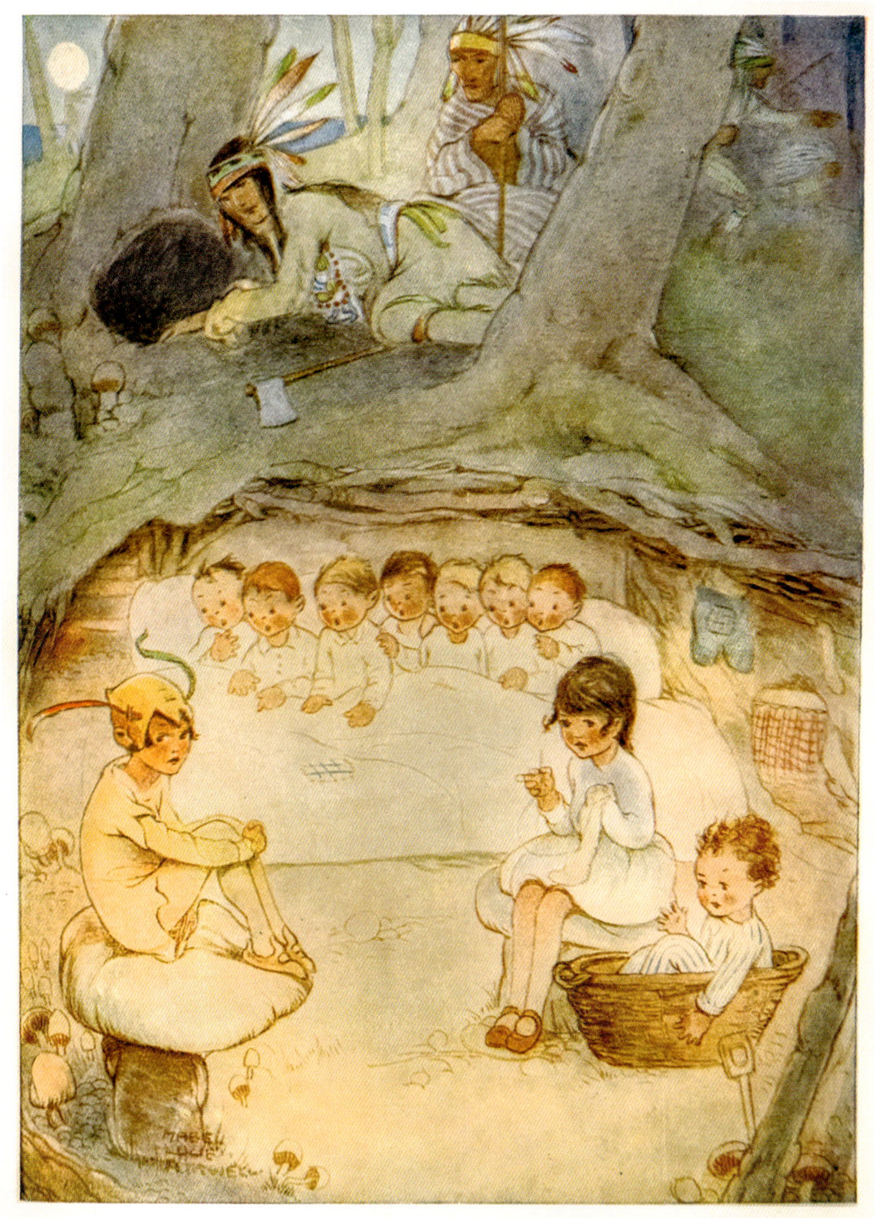

EL RITMO DE LAS MUELAS

Una manera de establecer la edad de muerte de un fósil es mirándole las muelas. La primera muela definitiva (M1) "sale" en los chimpancés entre los 3 y los 3,5 años y en nuestra especie entre los 5 y 6 años. La erupción del primer molar coincide con el destete en los primates, salvo en nuestra especie.

La segunda muela (M2) coincide con la aparición de hormonas sexuales en sangre, que marcan el inicio de la adolescencia.
En los chimpancés sale entre los 6,5 y los 7 años y en nuestra especie entre los 10 y 11 años.

La tercera muela (M3) coincide con el final del crecimiento y la primera gestación en las hembras. En los chimpancés sale entre los 10,5 y los 11,5 años. En nuestra especie "la muela del juicio" puede no salir, o no formarse, pero como regla general emerge entre los 16 años y los 20 años.

Se piensa que en los australopitecos el ritmo del desarrollo se parecería al de los chimpancés, y que a partir del *Homo erectus* se iría acercando al nuestro.

THE TIMING OF THE MOLARS

One method to determine the age of a fossil individual is by examining its molars.
In chimpanzees, the first permanent molar (M1) usually erupts between the ages of 3 and 3.5. In our species, this occurs later, between 5 and 6 years of age. Among primates, the eruption of this first molar typically coincides with weaning – however humans are the exception.

The second molar (M2) emerges at the time when sex hormones begin circulating in the bloodstream, signalling the onset of adolescence. In chimpanzees, this occurs at around 6.5 to 7 years; in our species, between 10 and 11 years.

The third molar (M3) marks the end of physical growth and, in females, the time of first pregnancy. In chimpanzees, this molar appears between 10.5 and 11.5 years. In our species, the "wisdom tooth" may fail to erupt – or even to form at all – but typically emerges between the ages of 16 and 20.

It is thought that the developmental pace of australopithecines was more similar to that of chimpanzees, and that from *Homo erectus* onwards, the pattern began to resemble our own.

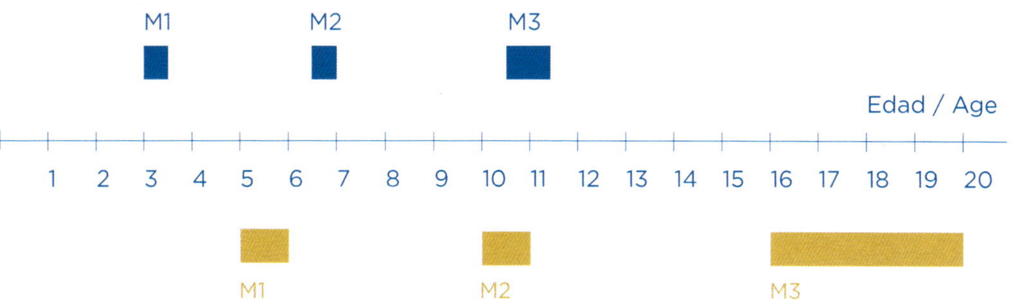

Chimpancé
Australopithecus
M1
M2
M3
Edad / Age
1 2 3 4 5 6 7 8 9 10 11 12 13 14 15 16 17 18 19 20
M1
M2
M3
Homo sapiens

NUEVE HISTORIAS

Son muchos más los que nacen que los que llegan a padres en cualquier especie. Por eso el registro fósil está lleno de *sueños rotos*. Aquí presentamos algunos fósiles importantes de homininos que se quedaron por el camino.

NINE STORIES

More individuals are born than will ever become parents in every species. That is why the fossil record is filled with *broken dreams*. Here, we present a selection of significant hominin fossils belonging to individuals who did not complete life's journey.

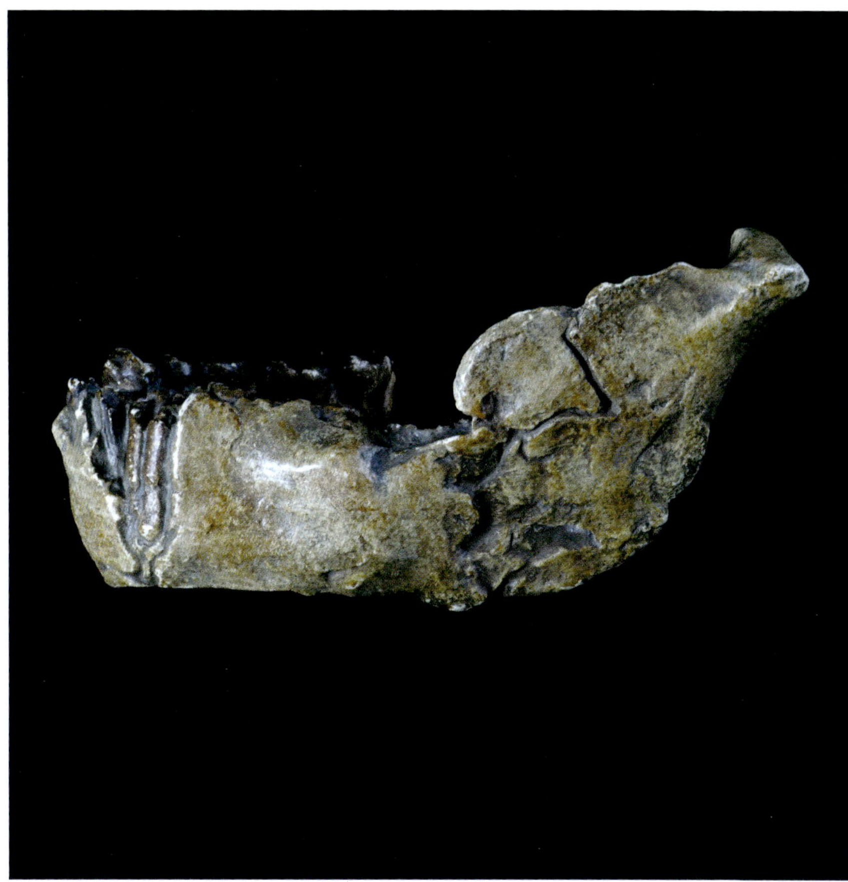

LUCY (ETIOPÍA)

Este fósil mundialmente famoso corresponde a una hembra de la especie *Australopithecus afarensis*. En el año 2024 se celebró el 50 aniversario de su descubrimiento en la región de Afar en Etiopía. Su antigüedad es de 3,25 millones de años. Las fracturas que presenta su esqueleto hacen pensar que murió de una caída desde un árbol. La tercera muela había emergido no mucho tiempo antes de su muerte. El desarrollo óseo estaba casi completado, lo que quiere decir que era una hembra adulta pero muy joven. Quizás estuviera embarazada o cargara con una cría lactante. Se supone que el desarrollo de los australopitecos se parecía al de los chimpancés, por lo que habría muerto hacia los doce años.

Réplica de alta resolución
Colección particular

LUCY (ETHIOPIA)

This world-famous fossil belongs to a female of the species *Australopithecus afarensis*. In 2024, the 50th anniversary of her discovery in Ethiopia's Afar region was commemorated. She lived approximately 3.25 million years ago. Fractures in her skeleton suggest she may have died from a fall from a tree. Her third molar had emerged not long before her death. The bones show that skeletal development was nearly complete, indicating she was a very young adult female. She may have been pregnant or possibly carrying a nursing infant. It is thought that *Australopithecus* developed at a pace like chimpanzees, which would place her age at death at around twelve years.

High-resolution replica
Private collection

EL NIÑO DE TAUNG (SUDÁFRICA)

Es el primer australopiteco que se descubrió. Ocurrió en el año 1924 en la cantera de Taung. Con él se creó la especie *Australopithecus africanus*. Los primeros molares todavía no habían llegado al plano de masticación, es decir, aún no eran funcionales. Con un desarrollo del tipo de los chimpancés habría muerto a los tres años. Por las características del yacimiento y algunas marcas del cráneo se piensa que fue cazado por un águila y llevado a su nido. Ese drama se produjo hace 2,5 millones de años.

Fotografía del fósil original
Universidad de Witwatersrand, Johannesburg (Sudáfrica)

THE TAUNG CHILD (SOUTH AFRICA)

This fossil was the first *Australopithecus* ever discovered. The fossil was unearthed in 1924 at the Taung limestone quarry, and it led to the naming of the species *Australopithecus africanus*. The first molars had not yet reached the chewing plane - in other words, they were not yet functional. Assuming a chimpanzee-like developmental pace, the child likely died at around the age of three. Based on the site's characteristics and certain marks on the skull, it is believed that the child was killed by an eagle and taken to its nest. This dramatic event occurred approximately 2.5 million years ago.

Photograph of the original fossil
University of the Witwatersrand, Johannesburg (South Africa)

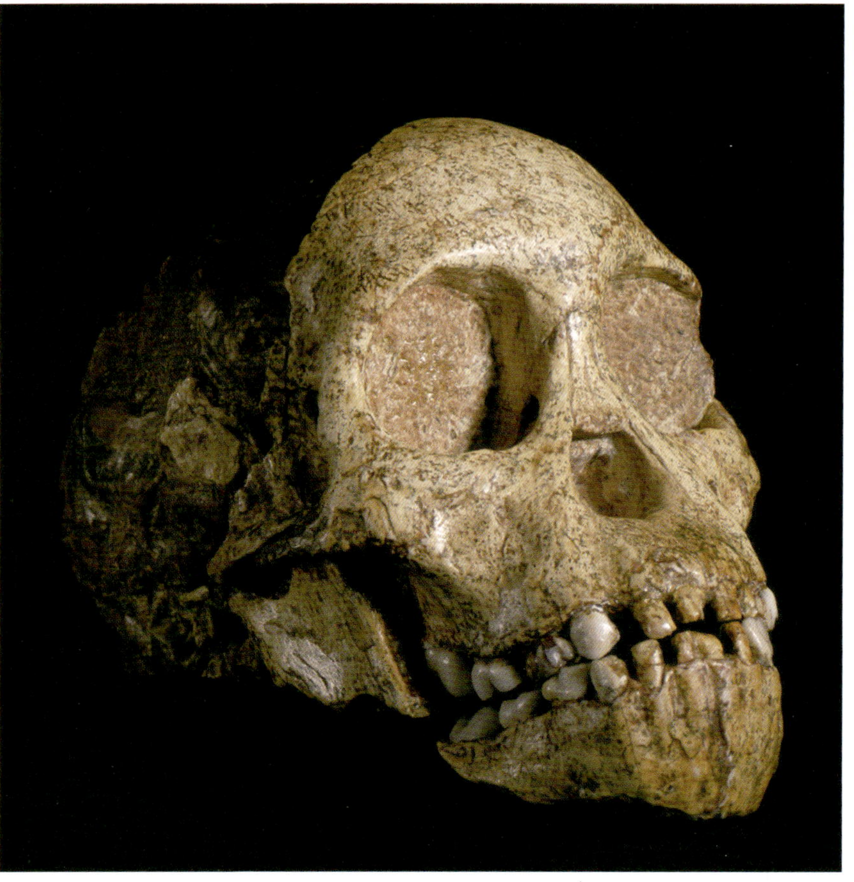

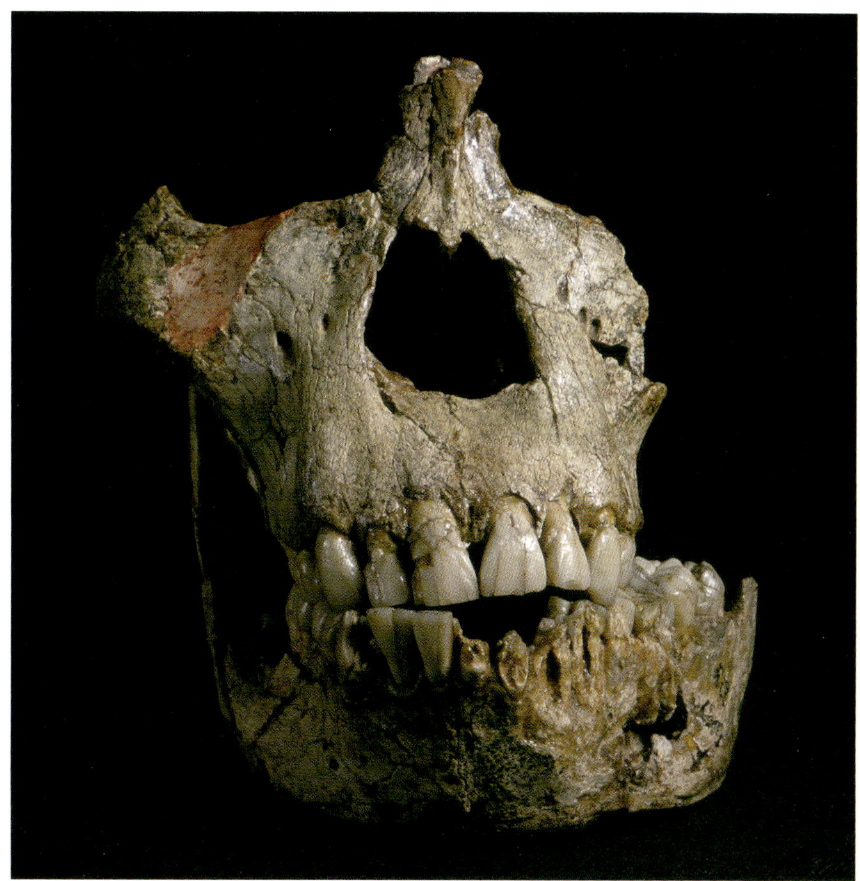

STS 52
(SUDÁFRICA)

Se trata de un australopiteco (probablemente hembra) de la especie *Australopithecus africanus* procedente de la cueva de Sterkfontein. Su edad geológica se estima en 2,5 millones de años. A este individuo aún no le había salido la tercera muela por lo que era fisiológicamente un adolescente. Considerando una velocidad de crecimiento en los australopitecos como la de los chimpancés su edad de muerte se situaría hacia los diez años.

Fotografía del fósil original
Museo Nacional Ditsong de Historia Natural
(Pretoria, Sudáfrica)

STS 52
(SOUTH AFRICA)

This fossil belongs to an *Australopithecus africanus* individual (probably female) discovered in the Sterkfontein cave system. Its geological age is estimated at 2.5 million years. The third molar had not yet erupted, indicating that this individual was, physiologically, an adolescent. Assuming a growth rate similar to that of chimpanzees, the estimated age at death is around ten years.

Photograph of the original fossil
Ditsong National Museum of Natural History
(Pretoria, South Africa)

CHICO DE TURKANA (KENIA)

Es un esqueleto extraordinariamente bien conservado de un preadolescente de la especie *Homo erectus*, encontrado en la orilla occidental del lago Turkana. Su antigüedad es de 1,6 millones de años.

Réplica de alta resolución
Colección particular

TURKANA BOY (KENYA)

This is an exceptionally well-preserved skeleton of a pre-adolescent belonging to the species *Homo erectus*, discovered on the western shore of Lake Turkana. It dates back approximately 1.6 million years.

High-resolution replica
Private collection

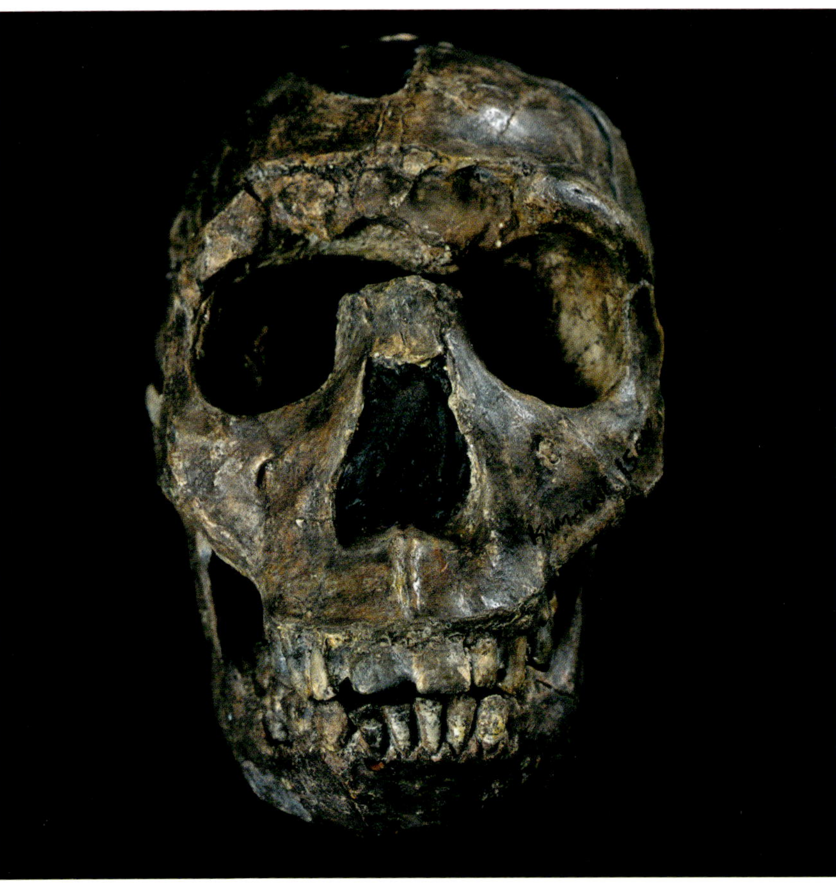

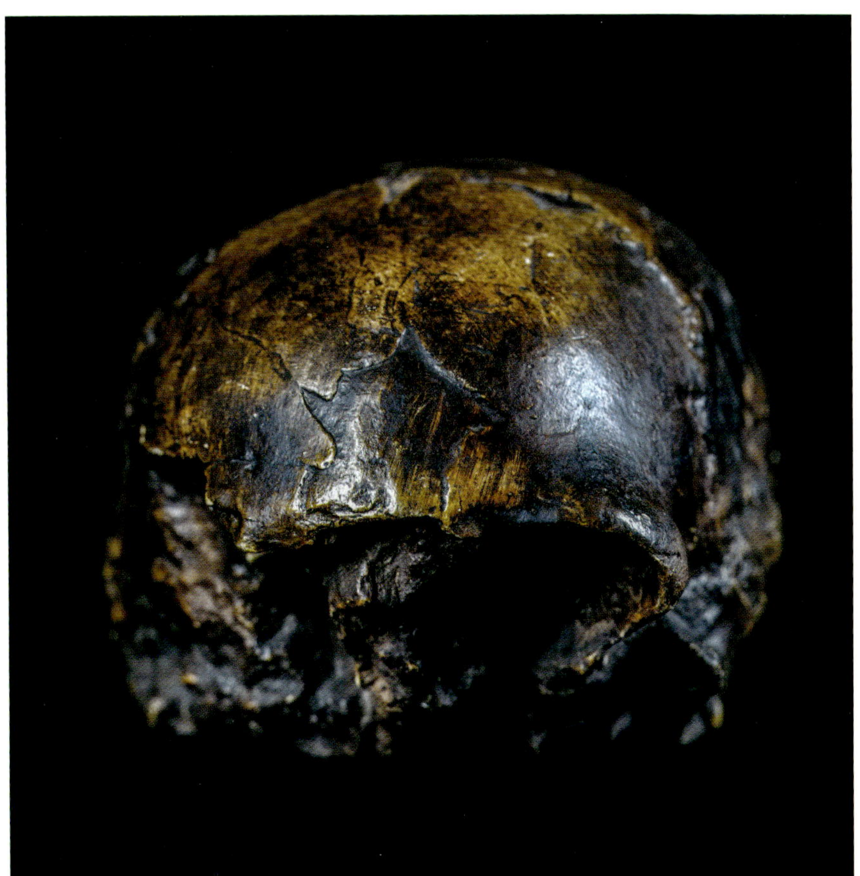

NIÑO DE MODJOKERTO (INDONESIA)

Encontrado en Java y perteneciente a la especie *Homo erectus*. Murió muy niño, entre los 4 y los 6 años. Su antigüedad se sitúa entre 1,5 y 1,4 millones de años.

Réplica de alta resolución
Colección particular

MODJOKERTO CHILD (INDONESIA)

Discovered in Java, this fossil belongs to the species *Homo erectus*. The child died at a very young age, between four and six years old. Its antiquity is estimated at between 1.5 and 1.4 million years.

High-resolution replica
Private collection

NIÑA DE LA GRAN DOLINA (BURGOS, ESPAÑA)

Hay dos fragmentos craneales que podrían pertenecer al mismo individuo, tal vez una niña de entre 10 y 11,5 años de la especie *Homo antecessor*. Fue asesinada y devorada por otros humanos en la Sierra de Atapuerca hace 850 000 años.

Fotografía del fósil original
Nivel TD6 de la Gran Dolina (Trinchera del Ferrocarril, Sierra de Atapuerca)
Museo de la Evolución Humana
Junta de Castilla y León

GRAN DOLINA GIRL (BURGOS, SPAIN)

These two cranial fragments may belong to the same individual - possibly a girl aged between 10 and 11.5 years of the species *Homo antecessor*. She was killed and consumed by other humans in the Sierra de Atapuerca 850,000 years ago.

Photograph of the original fossil
Gran Dolina, TD6 (Trinchera del Ferrocarril, Sierra de Atapuerca)
Museo de la Evolución Humana
Junta de Castilla y León

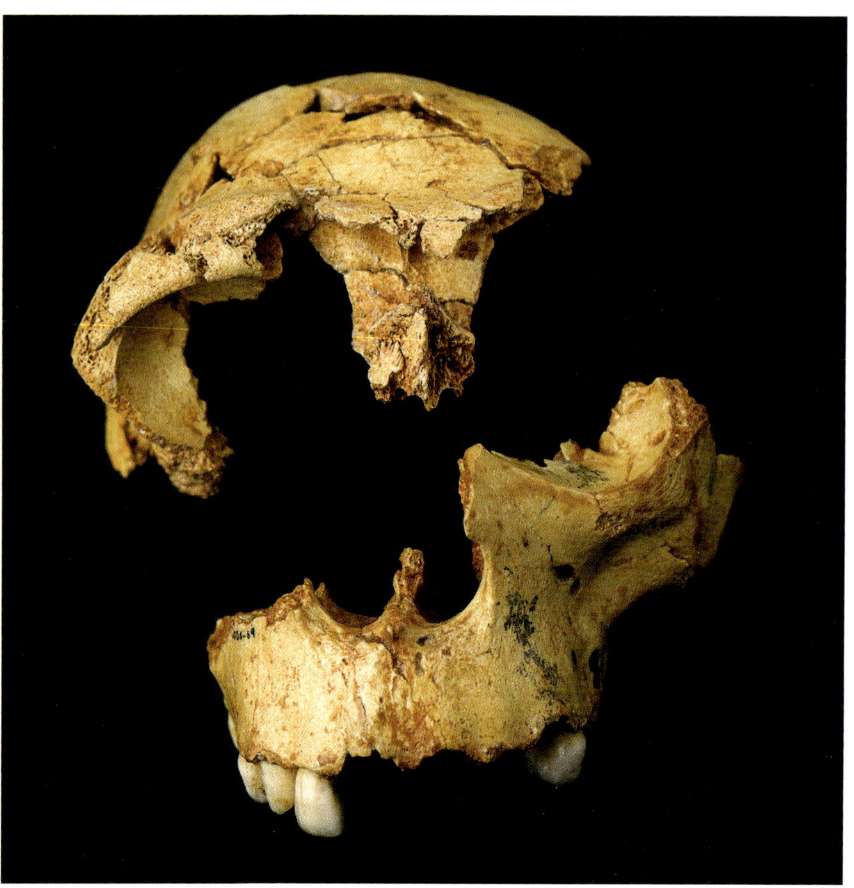

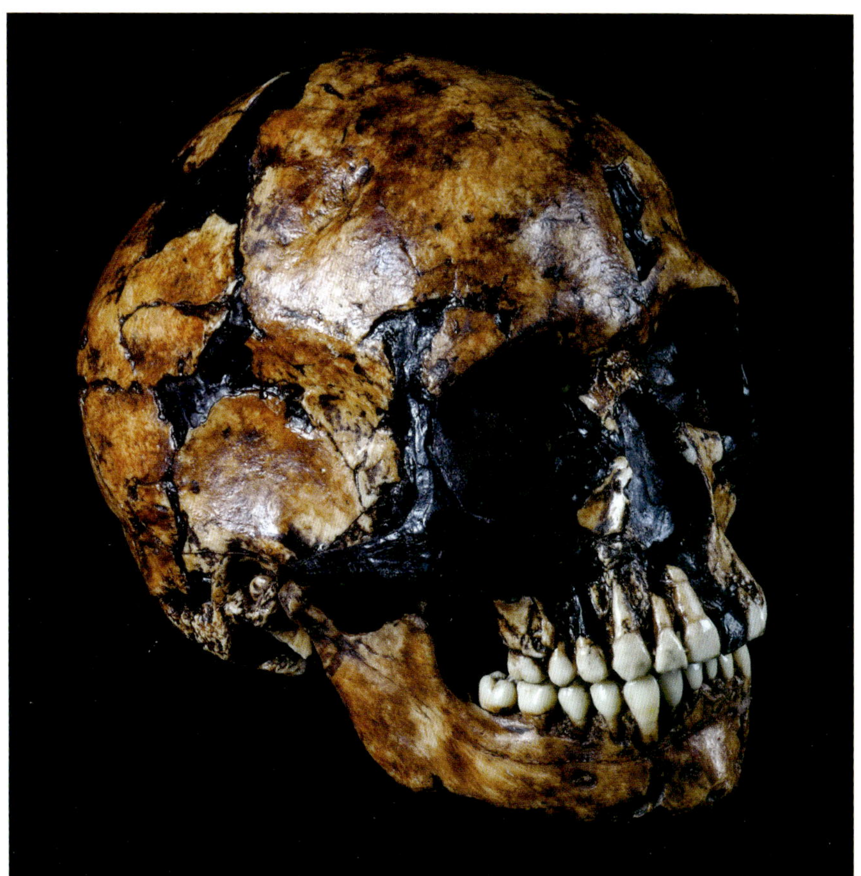

QAFZEH 11

Un adolescente de unos 13 años de la especie *Homo sapiens* que fue enterrado hace 100 000 años en una cueva cerca de Nazaret (Israel).

Réplica de alta resolución
Colección particular

QAFZEH 11

This is an adolescent of around 13 years of age belonging to the species *Homo sapiens* that was buried some 100,000 years ago in a cave near Nazareth (Israel).

High-resolution replica
Private collection

NIÑO O NIÑA DE LA CARIHUELA (GRANADA, ESPAÑA)

Se trata de un neandertal preadolescente, con el toro supraorbitario apenas formado.

Réplica de alta resolución
Colección particular

LA CARIHUELA CHILD (GRANADA, SPAIN)

A pre-adolescent Neanderthal with a barely developed supraorbital torus.

High-resolution replica
Private collection

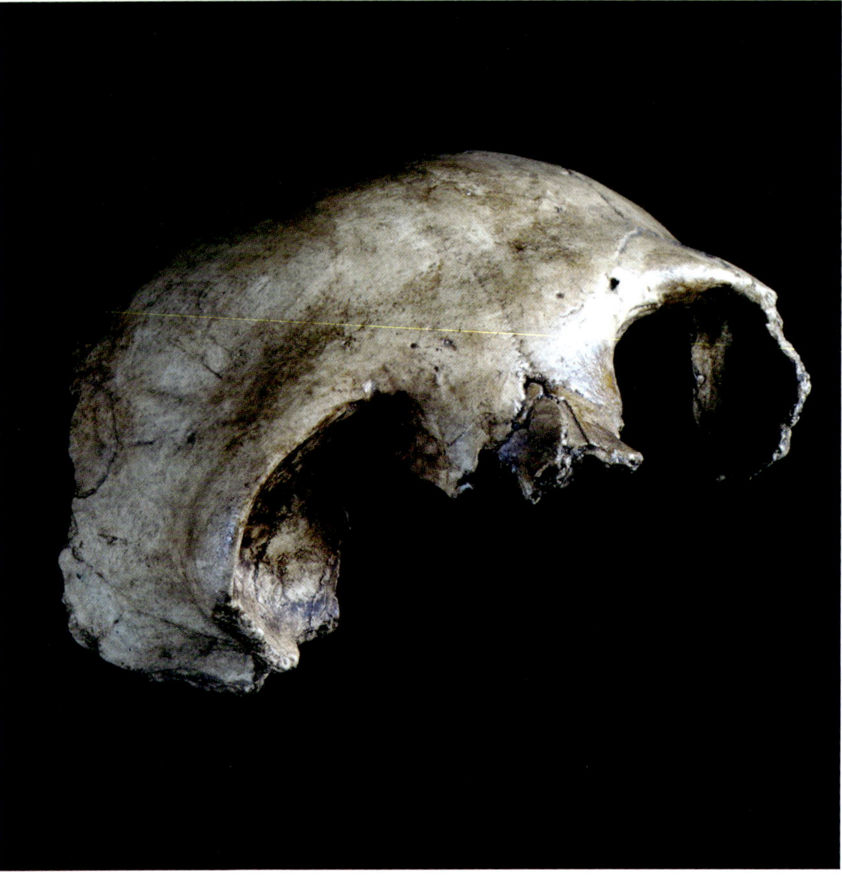

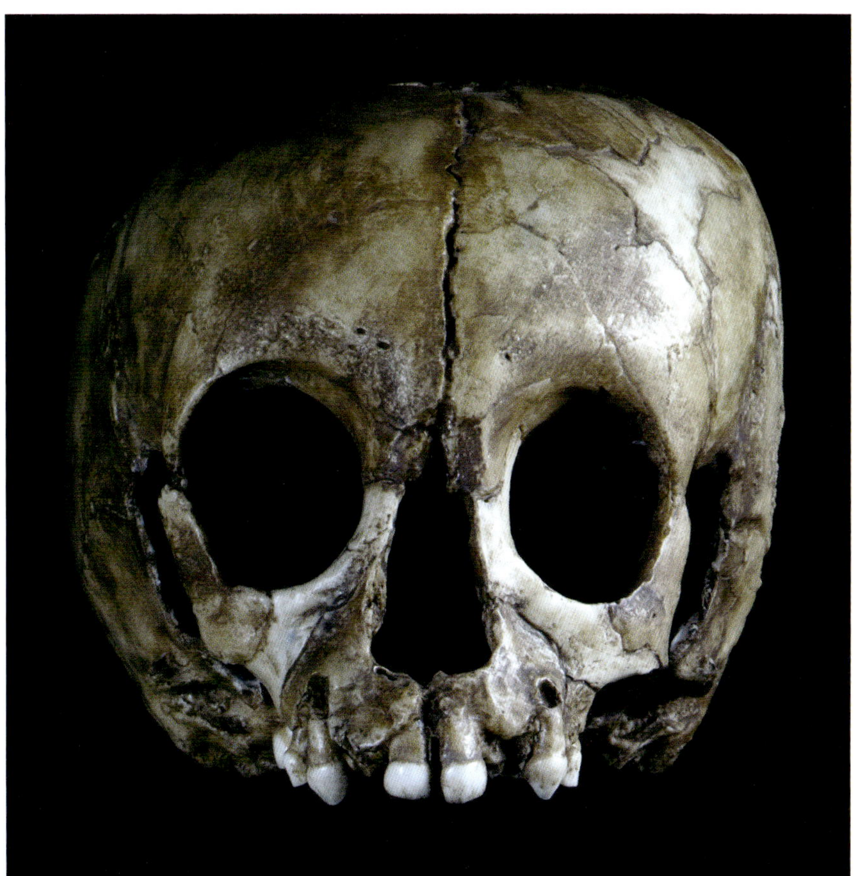

NIÑO DE PECH-DE-L'AZÉ (FRANCIA)

Se trata de un niño neandertal que no vivió más de 3 años. Su antigüedad se sitúa entre hace 51 000 años y 41 000 años.

Réplica de alta resolución
Colección particular

PECH-DE-L'AZÉ CHILD (FRANCE)

This is a Neanderthal child who did not survive beyond the age of three. The fossil date to between 51,000 and 41,000 years ago.

High-resolution replica
Private collection

TESHIK-TASH

El niño o niña de Teshik-Tash (Uzbekistán), encontrado entre 1938 y 1939, es un hallazgo excepcional. En el mapa de distribución de fósiles neandertales es un punto muy oriental, en plena Asia Central.

El cuerpo fue protegido con cuernos de cabra montés, en un posible enterramiento ritual. Tiene rasgos neandertales claros en la cara y en la mandíbula, pero el cráneo cerebral, globoso, no es el típico de los neandertales. Aunque se ha obtenido ADN mitocondrial de tipo neandertal, algunos científicos piensan que podría tener también ascendencia de *Homo sapiens.*

Sabemos que murió hacia los nueve años pues conserva todos los dientes de leche y la primera muela definitiva (también llamada "muela de los seis años") pero todavía no ha emergido la segunda muela permanente.

TESHIK-TASH

The Teshik-Tash child, discovered between 1938 and 1939 in Uzbekistan, is an exceptional find. On the map of Neanderthal fossil sites, it marks one of the most easterly points in Central Asia.

The body appears to have been carefully placed with wild goat horns covering it, suggesting a possible ritual burial. The facial and jaw features are unmistakably Neanderthal, yet the braincase –spherical– does not fit the typical Neanderthal profile. Although mitochondrial DNA of Neanderthal type has been recovered, some scientists believe the child may also have had *Homo sapiens* ancestry.

We know the child died at around the age of nine. All the milk teeth were still present, and the first permanent molar, known as the "six-year molar," had erupted, while the second had not yet emerged.

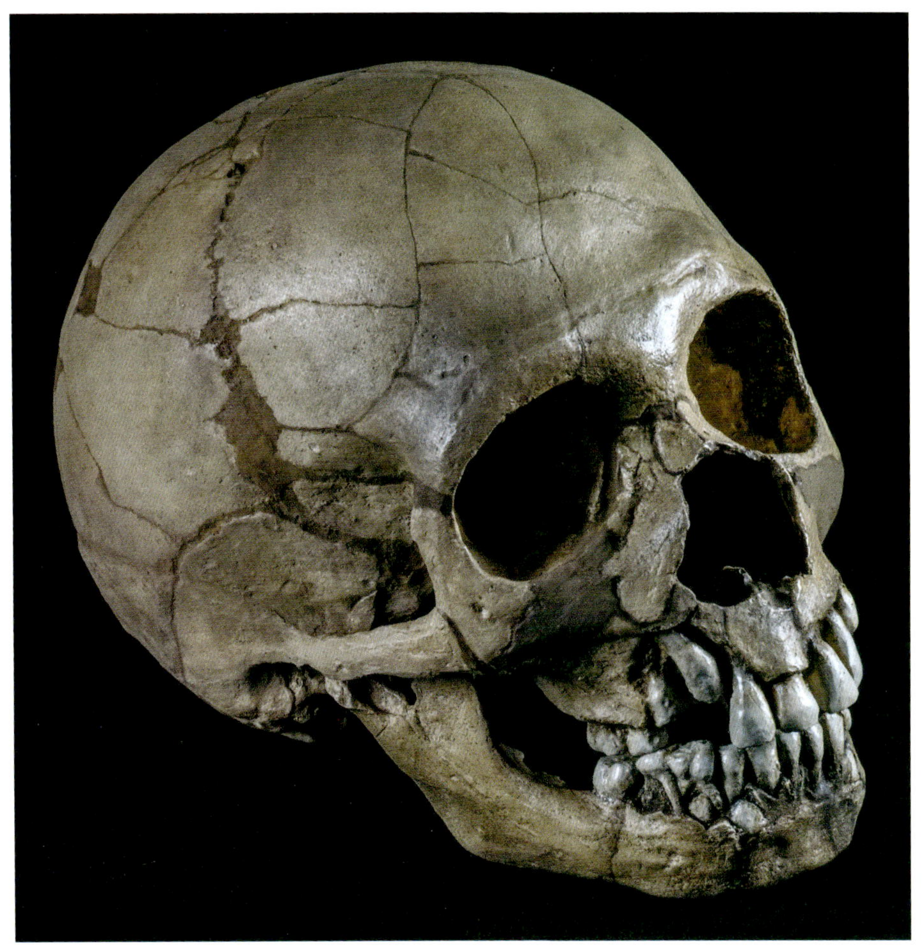

TESHIK-TASH 1

Réplica de alta resolución
Colección particular

TESHIK-TASH 1

High-resolution replica
Private collection

Los cuernos que rodeaban el cuerpo del niño o niña del yacimiento de Teshik-Tash pertenecían al íbice siberiano (*Capra sibirica*), una cabra montés de grandes cuernos curvados. Esta especie es muy abundante entre los restos faunísticos del yacimiento, lo que indica que los neandertales de la zona estaban especializados en su caza. Actualmente esta especie de cabra montés se distribuye por las grandes cordilleras de Asia Central, llegando incluso al sur de Siberia.

Lámina XXIV, Íbice siberiano (*Capra sibirica*) del libro de R. Lydekker - *Wild Oxen, Sheep & Goats of All Lands Living and Extinct*, Rowland Ward, 1898

The horns surrounding the body of the child at the Teshik-Tash site belonged to the Siberian ibex (*Capra sibirica*), a wild goat with large, curved horns. This species is very abundant among the faunal remains at the site, suggesting that the Neanderthals in the area were specialised in hunting it. Today, this species of ibex is distributed across the major mountain ranges of Central Asia, reaching as far as southern Siberia.

Plate XXIV, Siberian ibex (Capra sibirica) from the book by R. Lydekker – *Wild Oxen, Sheep & Goats of All Lands, Living and Extinct*, Rowland Ward, 1898

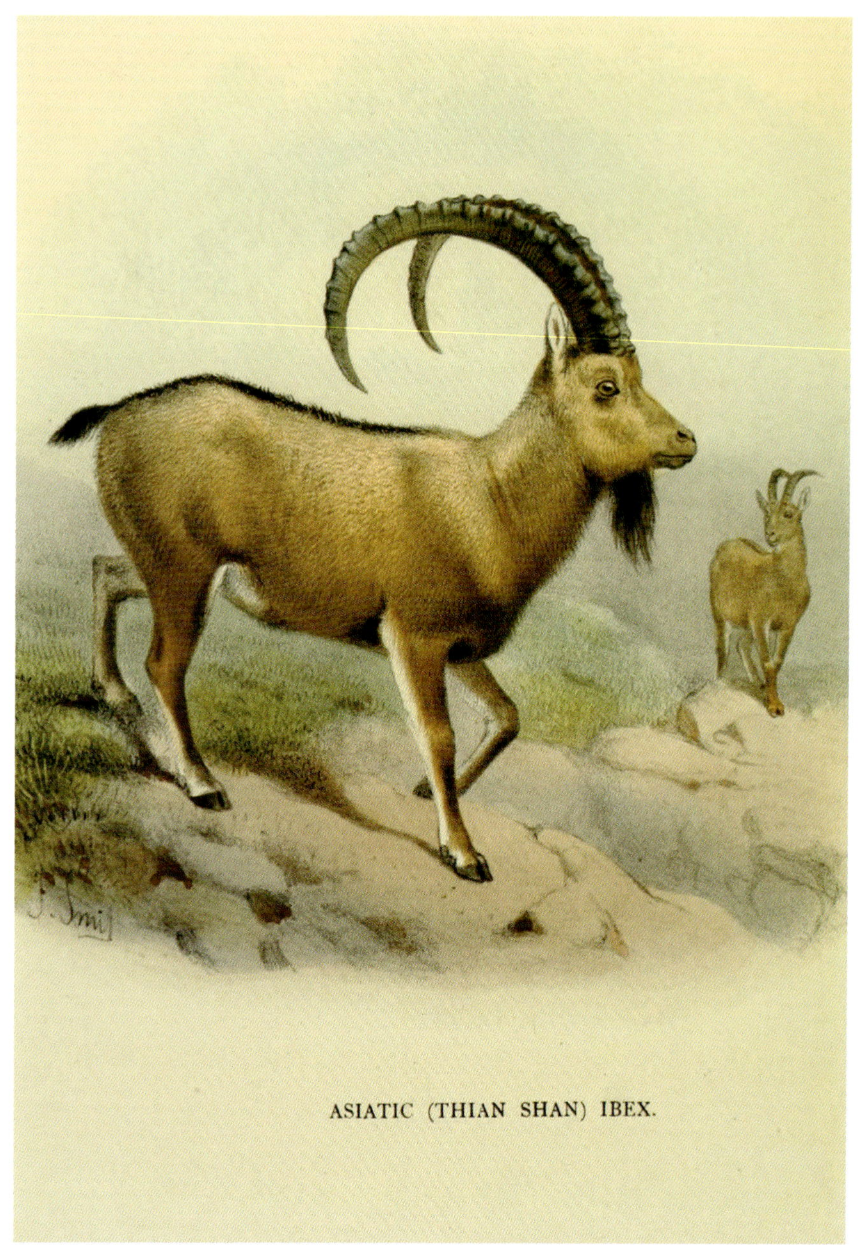

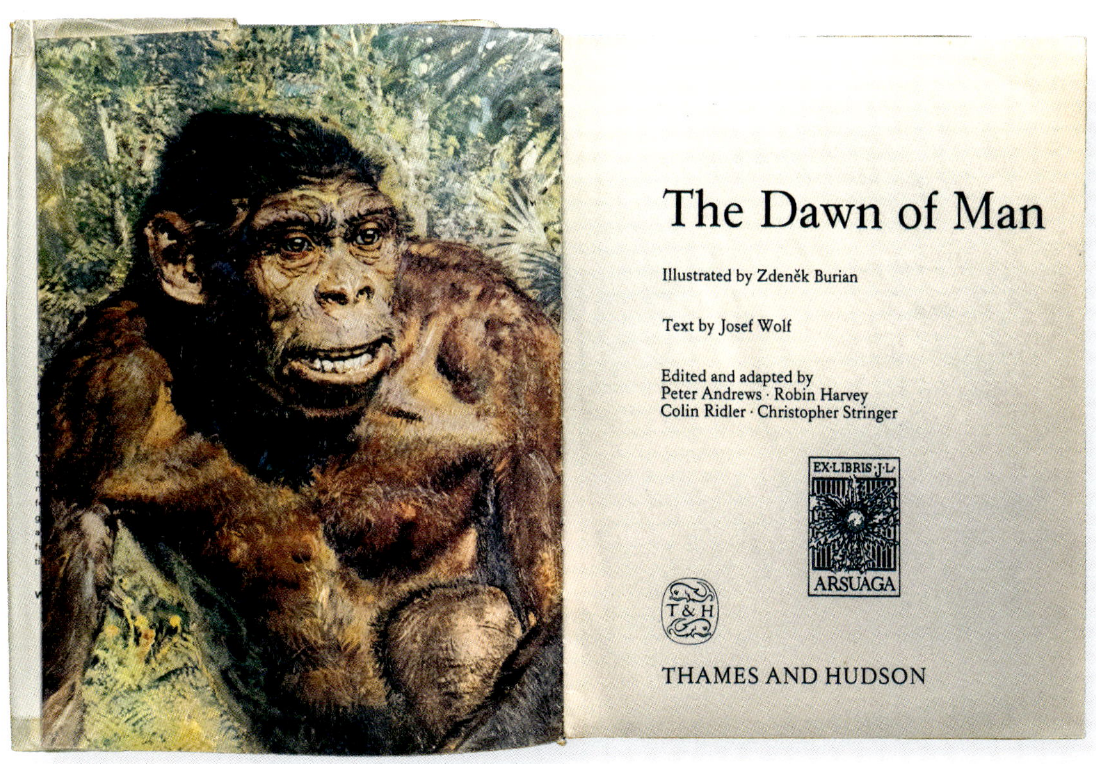

THE DAWN OF MAN

Josef Wolf
Edición de 1978
Ilustraciones, Zdeněk Burian
Thames and Hudson Ltd
Colección Juan Luis Arsuaga

THE DAWN OF MAN

Josef Wolf
1978 edition
Illustrations by Zdeněk Burian
Thames and Hudson Ltd
Juan Luis Arsuaga Collection

TRES PREADOLESCENTES DE LA SIMA DE LOS HUESOS

THREE PREADOLESCENTS FROM THE SIMA DE LOS HUESOS

CRÁNEO 3

(preneandertal)
Hace 400 000 años
Sima de los Huesos
(Cueva Mayor, Sierra de Atapuerca)
Museo de Burgos. Junta de Castilla y León

CRANIUM 3

(Pre-Neanderthal)
400,000 years ago

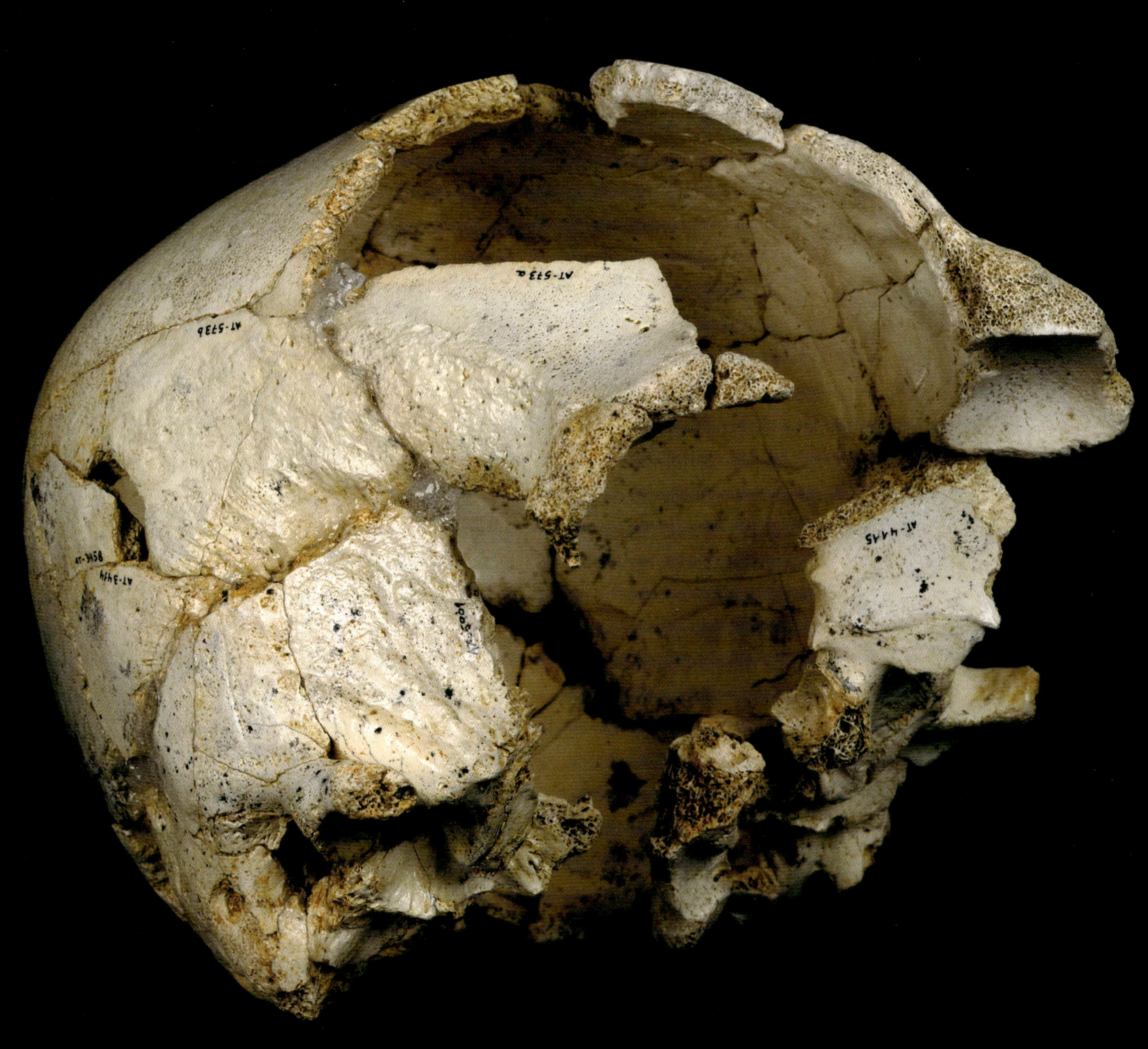

CRÁNEO 11

(preneandertal)
Hace 400 000 años
Sima de los Huesos
(Cueva Mayor, Sierra de Atapuerca)
Museo de Burgos. Junta de Castilla y León

CRANIUM 11

(Pre-Neanderthal)
400,000 years ago

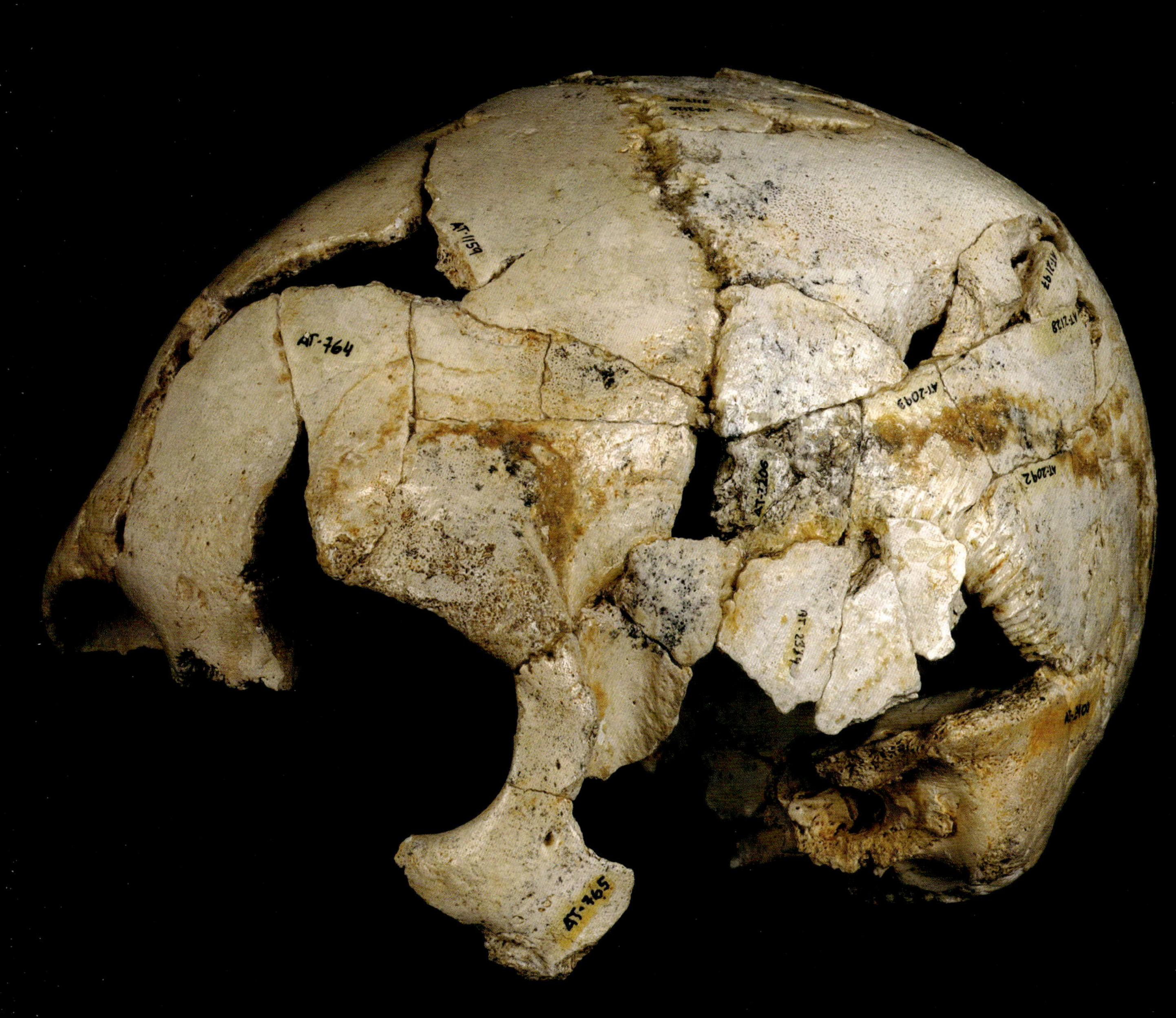
AT-764
AT-365

CRÁNEO 14 "BENJAMINA"

(preneandertal)
Hace 400 000 años
Sima de los Huesos
(Cueva Mayor, Sierra de Atapuerca)
Museo de Burgos. Junta de Castilla y León

CRANIUM 14 "BENJAMINA"

(Pre-Neanderthal)
400,000 years ago

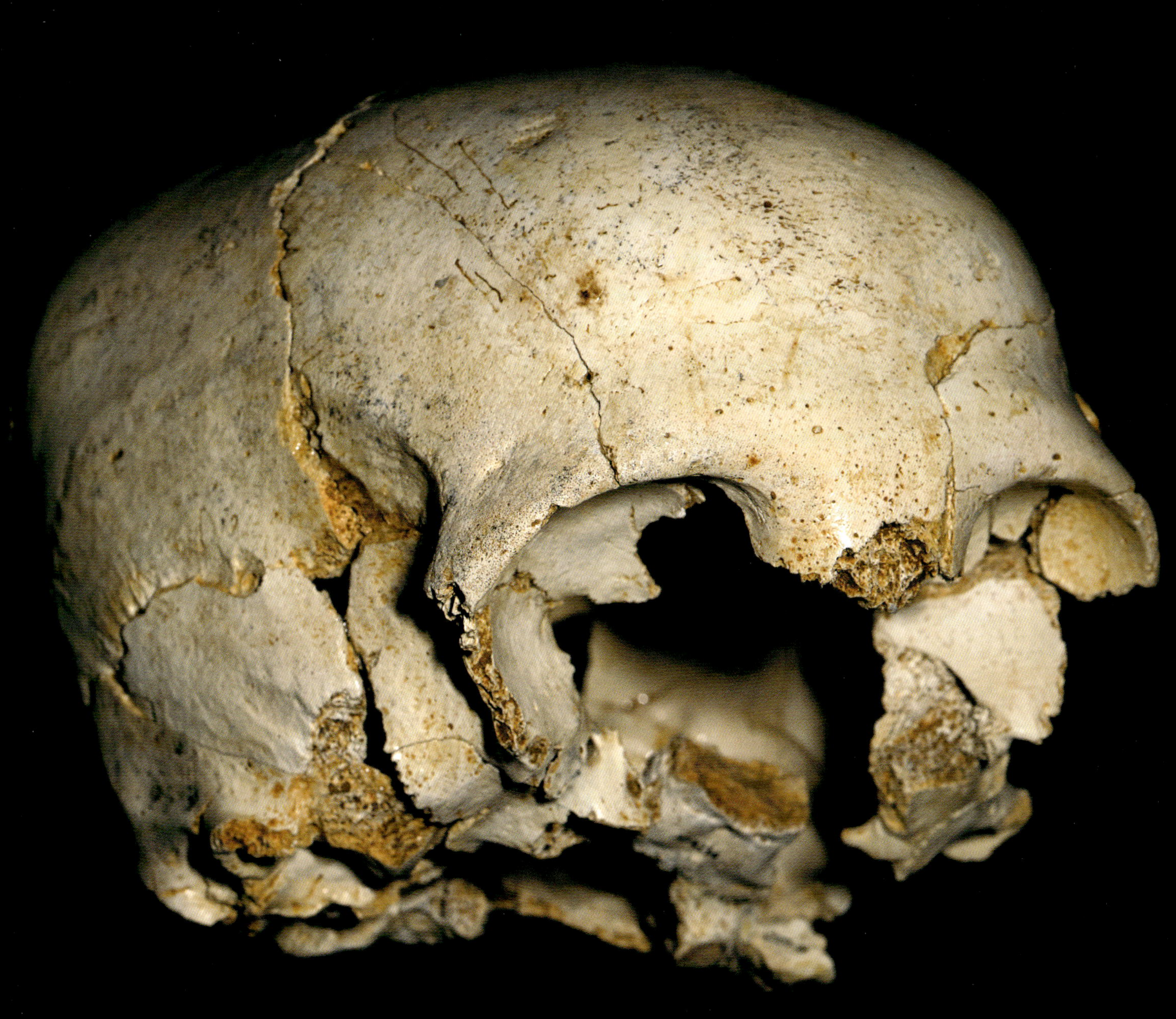

¿Y SI…FUERON ASESINADOS?

Los cráneos de nuestros tres preadolescentes podrían esconder una historia trágica. Su muerte, a una edad tan joven, se produjo por alguna causa. ¿Podemos deducirla de los propios huesos?

Como en muchos de los cráneos del mismo yacimiento se aprecian en nuestros tres preadolescentes depresiones y fracturas. Las depresiones parecen haber sido producidas por un objeto contundente manejado a corta distancia. Las fracturas penetrantes, en cambio, sugieren el impacto de un proyectil, quizás una piedra o una jabalina de madera como las del yacimiento alemán de Schöningen, de una cronología similar a la de la Sima de los Huesos.

WHAT IF…THEY WERE MURDERED?

The skulls of our three pre-adolescents may conceal a tragic story. Their deaths at such a young age must have had a cause — but can we deduce it from the bones themselves?

As in many of the skulls found at the same site, these three individuals show both depressions and fractures. The depressions appear to have been caused by a blunt object wielded at close range.
The penetrating fractures, by contrast, suggest the impact of a projectile—perhaps a stone or a wooden spear like those found at the German site of Schöningen, which is roughly contemporary with the Sima de los Huesos.

LANZA 2

Yacimiento de Schöningen
Hace 250 000 años
Copia experimental, Marcos Terradillos
Madera de falso abeto (*Picea abies*)

SPEAR 2

Schöningen site
250,000 years ago
Experimental copy, Marcos Terradillos
European Spruce wood (*Picea abies*)

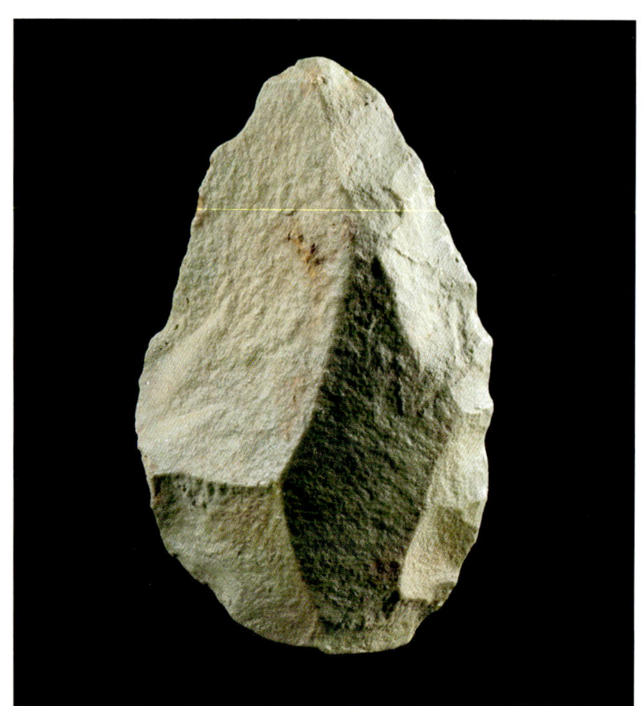

HACHA DE MANO

TG Su11
Complejo Galería
(Trinchera del Ferrocarril, Sierra de Atapuerca)
Réplica
Colección particular

HAND AXE

TG Su11
Replica
Private collection

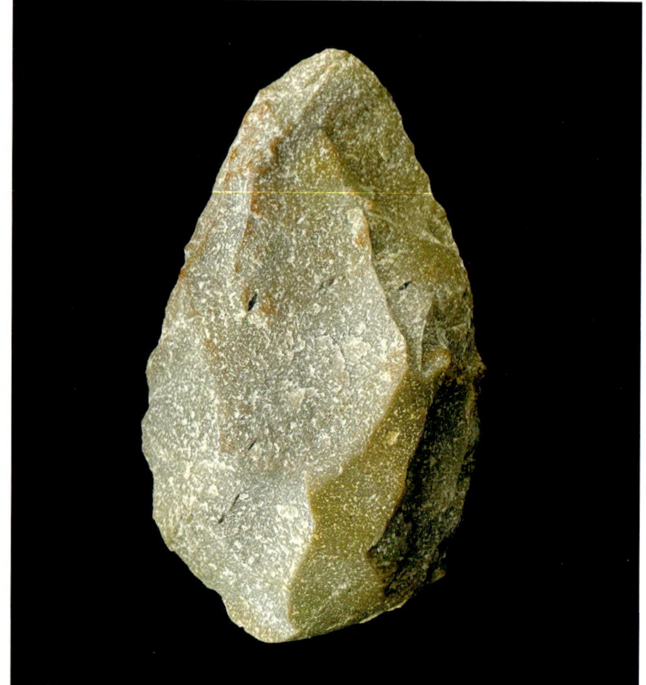

HACHA DE MANO

Confeccionada en cuarcita para la exposición
Colección Juan Luis Arsuaga

HAND AXE

Made in quartzite for the exhibition
Juan Luis Arsuaga Collection

EL RASTRO DE LA VIOLENCIA

TRACES OF VIOLENCE

CRÁNEO 3

Este fósil fue reconstruido a partir de 34 fragmentos.

Si observas la región posterior del parietal derecho verás una depresión circular. Esta es una lesión que cicatrizó en vida y se describe como *ante mortem.*

En la zona nucal hay una fractura circular penetrante. Se produjo en un momento próximo a la muerte (o *peri mortem*) porque no hay signos de regeneración ósea, pero no puede saberse con certeza absoluta si fue la causa de la muerte.

La lesión podría, en teoría, ser inmediatamente posterior a la muerte.

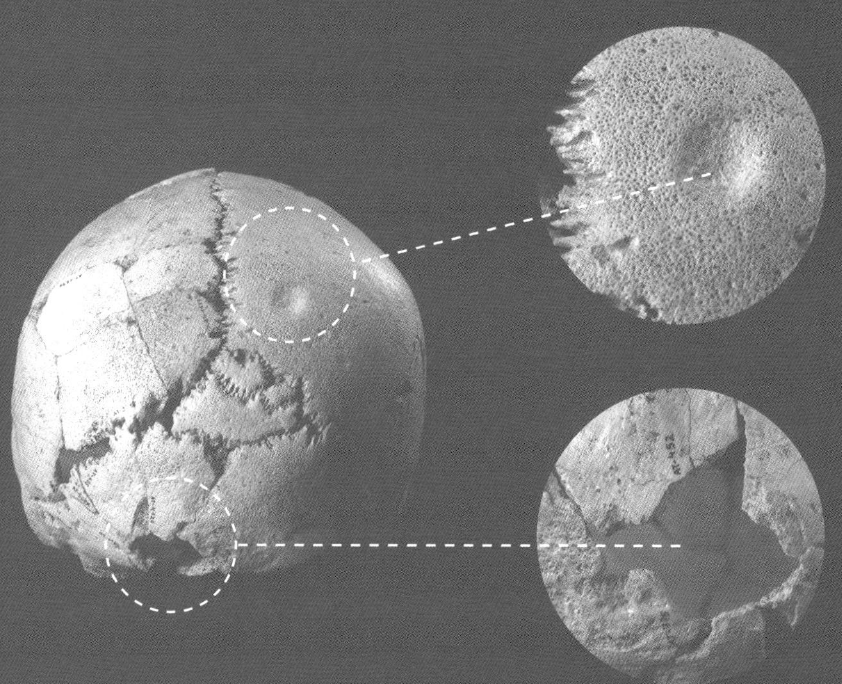

CRANIUM 3

This fossil was reconstructed from 34 fragments.

If you examine the posterior region of the right parietal bone you will see a circular depression. This is a lesion that healed during life and is thus classified as *ante mortem.*

In the nuchal area, there is a circular, penetrating fracture. Its morphology suggests it occurred close to the time of death; this is a *peri mortem* injury. It cannot be known with absolute certainty whether it was the cause of death.

The injury could, in theory, be immediately subsequent to death.

CRÁNEO 11

Está formado por 53 fragmentos.

Si observas su parietal izquierdo descubrirás una fractura con forma oval. No muestra signos de curación por lo que se ha descrito como *peri mortem*.

Si te detienes en la zona de la ceja izquierda, verás la huella de un fuerte traumatismo que cicatrizó en vida (*ante mortem*), pero que probablemente afectó la visión de ese ojo.

CRANIUM 11

It is composed of 53 fragments.

If you examine the left parietal bone, you will find an oval-shaped fracture. It shows no signs of healing and is therefore described as *peri mortem* injury.

If you look at the left brow region, you will see the mark of a severe trauma that healed during life (*ante mortem*) but likely affected vision in that eye.

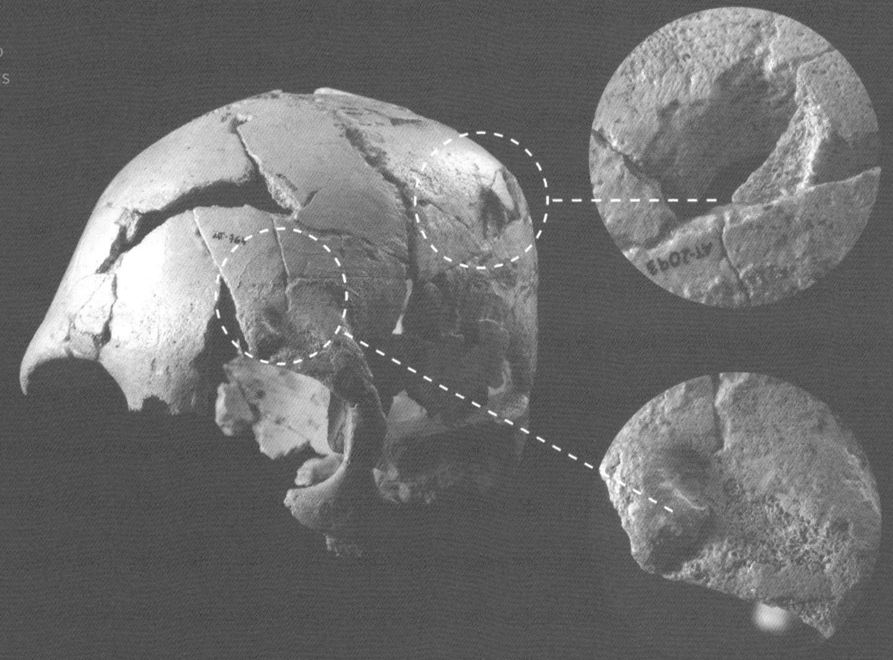

CRÁNEO 14

El cráneo de esta preadolescente está formado por 27 fragmentos.

En este cráneo se han descrito hasta cinco lesiones *ante mortem*, localizadas en su hueso frontal y sus dos parietales.

Si examinas su hueso frontal observarás dos de estas estas lesiones de morfología circular y cicatrizadas en vida. Una, más evidente, se encuentra en la zona derecha del hueso frontal y otra, más sutil, en la zona izquierda.

CRANIUM 14

The cranium of this pre-adolescent is composed by 27 fragments.

Up to five *ante mortem* injuries have been identified on this cranium, located on the frontal bone and both parietal bones.

If you examine the frontal bone, you will observe two of these circular-shaped lesions that healed during life. One, more evident, is on the right side of the frontal bone; the other, more subtle, is on the left side.

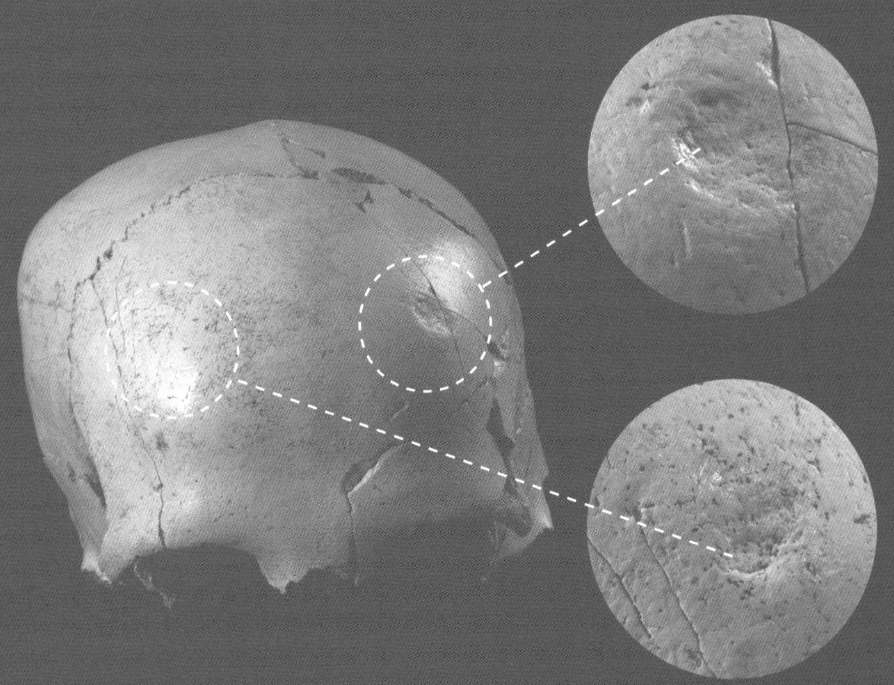

UN CASO ÚNICO

En condiciones normales, el cráneo humano se desarrolla de forma simétrica, al igual que los hemisferios cerebrales. Pero en el Cráneo 14, no fue esto lo que sucedió.

La fusión prematura de la sutura entre los huesos parietal izquierdo y occipital, la sutura lambdoidea izquierda, alteró profundamente la forma del cráneo y del encéfalo.

Estas patologías puedes observarlas aquí al comparar el molde endocraneal del Cráneo 14 con el de un humano actual sano.

A UNIQUE CASE

Under normal conditions, the human skull develops symmetrically, as do the cerebral hemispheres. But in Cranium 14, this was not the case.

The premature fusion of the suture between the left parietal and occipital bones—the left lambdoid suture—profoundly altered the shape of the skull and the brain.

These pathologies can be observed here by comparing the endocranial cast of Cranium 14 with that of a healthy human.

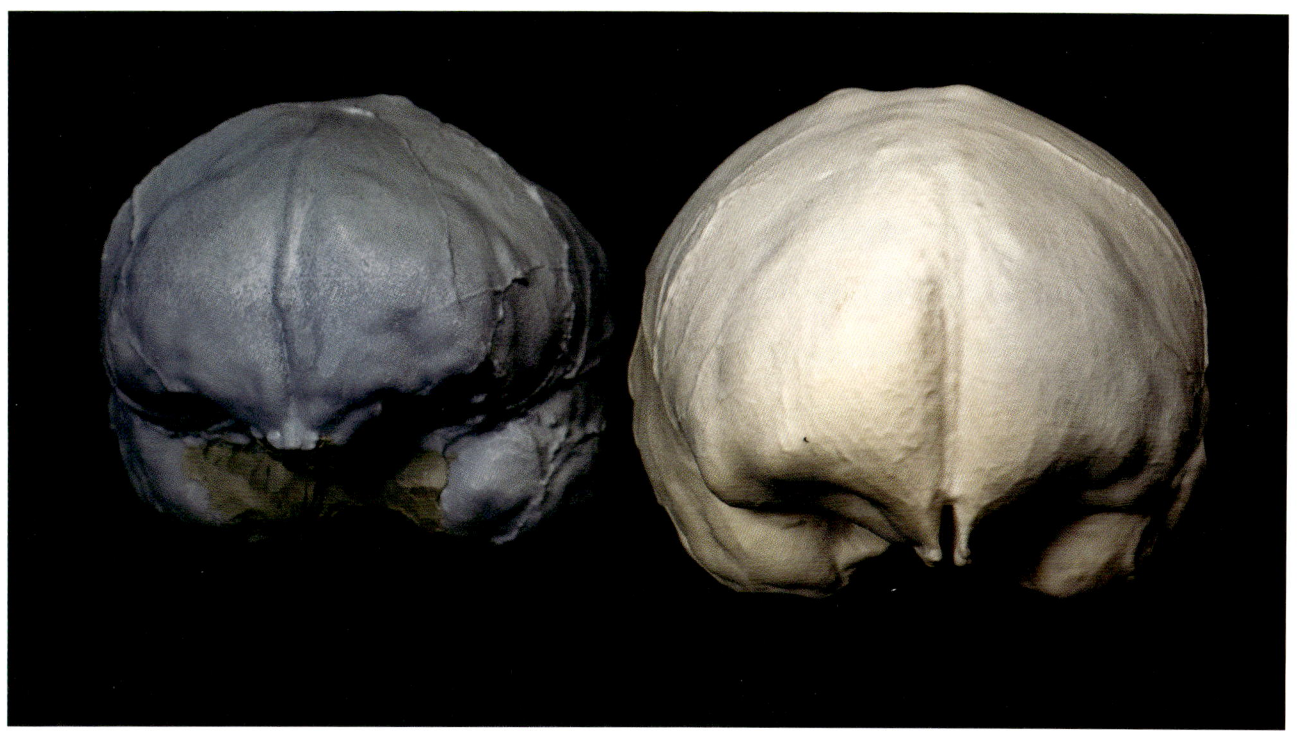

MOLDE ENDOCRANEAL
PARCIALMENTE RECONSTRUIDO
DEL CRÁNEO 14

Colección particular

PARTIALLY RECONSTRUCTED
ENDOCAST OF CRANIUM 14

Private collection

MOLDE ENDOCRANEAL
DE *HOMO SAPIENS* (ADULTO)

Colección particular

ENDOCAST
OF *HOMO SAPIENS* (ADULT)

Private collection

CRÁNEO 14
CRANIUM 14

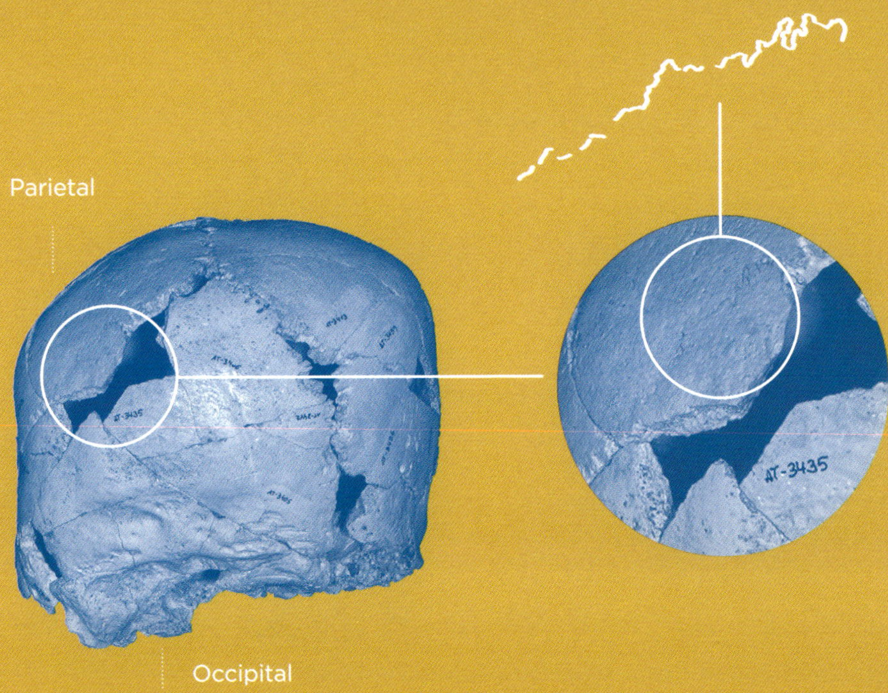

Fusión prematura de la sutura lamboidea entre los huesos parietal izquierdo y occipital.

Premature lambdoid suture fusion between the left parietal and occipital bones.

Referencia: Gracia et al., 2009.
Craniosynostosis in the Middle Pleistocene human Cranium 14 from the Sima de los Huesos, Atapuerca, Spain. PNAS.

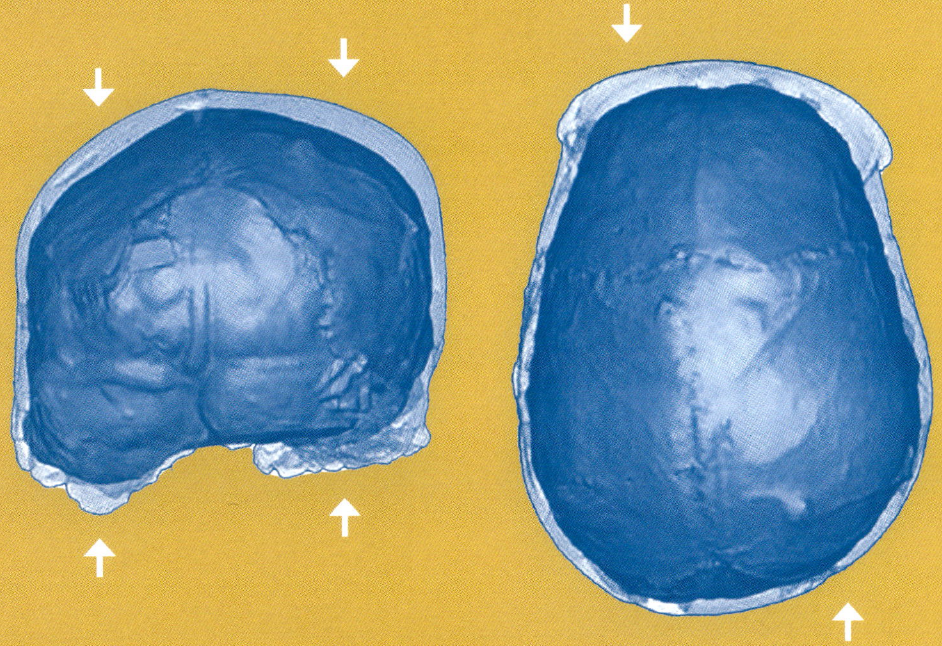

Alteración de la morfología del encéfalo y asimetría de los **hemisferios cerebrales.**

Alteration of brain morphology and asymmetry of the **cerebral hemispheres.**

NUEVAS INVESTIGACIONES

NEW RESEARCH

Desplazamiento de los músculos de la nuca
A causa de la deformación del hueso occipital en el Cráneo 14 (“Benjamina”), los músculos de la nuca están desplazados respecto de la posición normal.

Displacement of the neck muscles
Due to the deformation of the occipital bone in Cranium 14 (“Benjamina”), the neck muscles are displaced from their normal position.

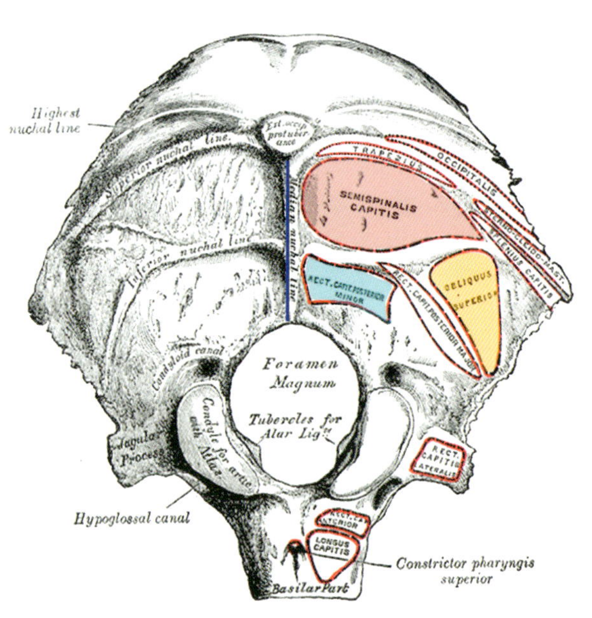

HUESO OCCIPITAL - SUPERFICIE EXTERIOR
(HOMO SAPIENS)
Adaptado de Anatomy of the Human Body, H. Gray, 1918 (Fig. 129)

OCCIPITAL BONE – EXTERNAL SURFACE
(HOMO SAPIENS)
Adapted from Anatomy of the Human Body, H. Gray, 1918 (Fig. 129)

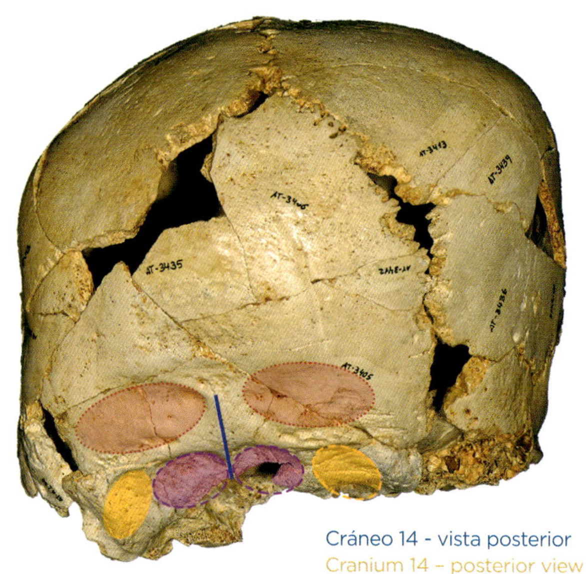

Cráneo 14 - vista posterior
Cranium 14 - posterior view

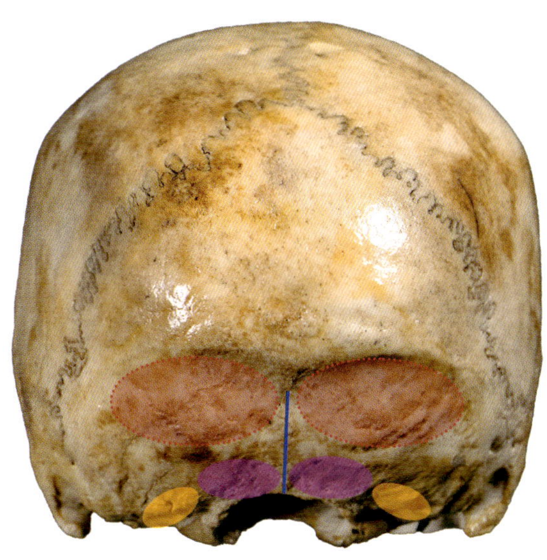

Cráneo *Homo sapiens* - vista posterior
Homo sapiens cranium - posterior view

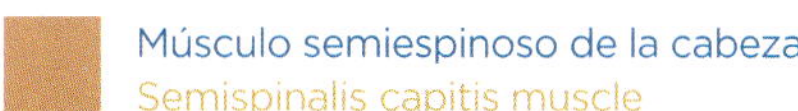

Músculo semiespinoso de la cabeza
Semispinalis capitis muscle

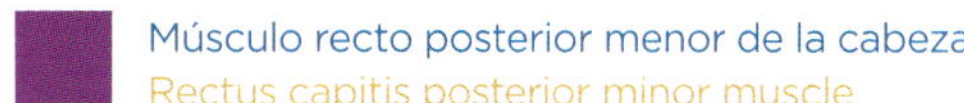

Músculo recto posterior menor de la cabeza
Rectus capitis posterior minor muscle

Músculo oblicuo mayor de la cabeza
Obliquus capitis superior muscle

Cresta occipital externa
External occipital crest

Deformación del encéfalo
El encéfalo (cerebro, cerebelo y tronco) del Cráneo 14 también estaba deformado.

Brain deformation
The brain (including the cerebrum, cerebellum, and brainstem) of Cranium 14 was also deformed.

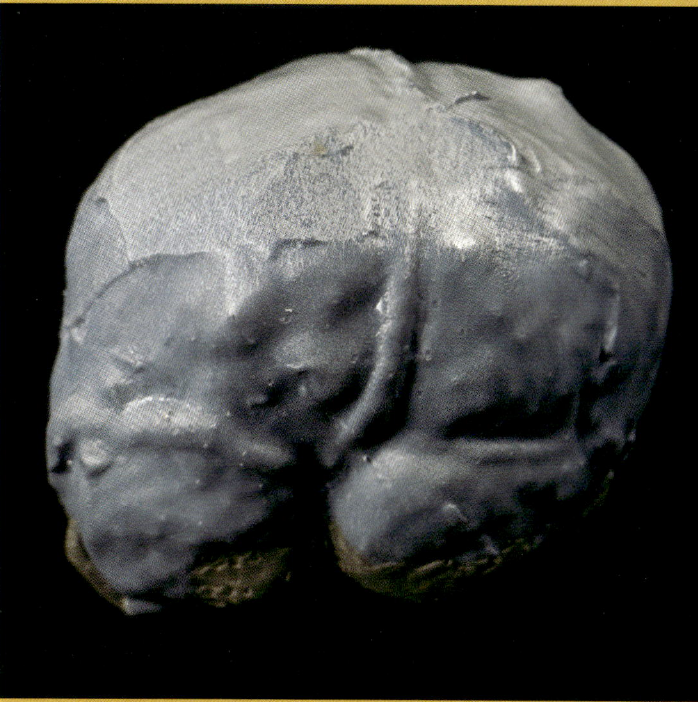

VISTA POSTERIOR DEL MOLDE ENDOCRANEAL PARCIALMENTE

Colección particular

POSTERIOR VIEW OF THE PARTIALLY RECONSTRUCTED ENDOCAST OF CRANIUM 14

Private collection

LA MADONNA DELLA SEGGIOLA

En los pueblos con una economía nómada de caza y de recolección una niña huérfana de madre tenía muy pocas posibilidades de sobrevivir. Y si tenía problemas graves de salud y aspecto anómalo, no cabía ninguna esperanza de que llegara hasta la preadolescencia.

El que la niña sobreviviera tantos años en estas condiciones indica que disfrutó de muchos cuidados, a pesar de que el infanticidio no es raro en pueblos modernos. He aquí lo que dicen Kim Hill y Magdalena Hurtado (1996) de los Ache, cazadores y recolectores del Paraguay: "Los Ache sienten una gran aversión a criar niños que parecen débiles o defectuosos y casi siempre los matan poco después de nacer". No fue eso lo que ocurrió con la niña del Cráneo 14. Sin duda fue el cuidado de su madre el que aseguró su supervivencia.

En la historia del arte ese *amor de madre* se ha representado siempre y en la tradición cristiana se personifica en la Virgen María.

LA MADONNA DELLA SEGGIOLA

In nomadic hunter-gatherer societies, a motherless had very little chance of survival. And if she suffered from serious health problems or had an unusual appearance, there would have been no hope at all of reaching pre-adolescence.

That this child survived for so many years under such conditions suggests she received a great deal of care, — even though infanticide is not uncommon in some modern hunter-gatherer groups. Kim Hill and Magdalena Hurtado (1996) wrote the following about the Ache people of Paraguay: "The Ache have a strong aversion to raising any child that appears weak or defective and almost always kill such children soon after birth". This, however, was not the fate of the child known as Cranium 14. Undoubtedly, it was her mother's care that ensured her survival.

Throughout the history of art, maternal love has been a timeless subject. In the Christian tradition, it is most often personified by the figure of the Virgin Mary.

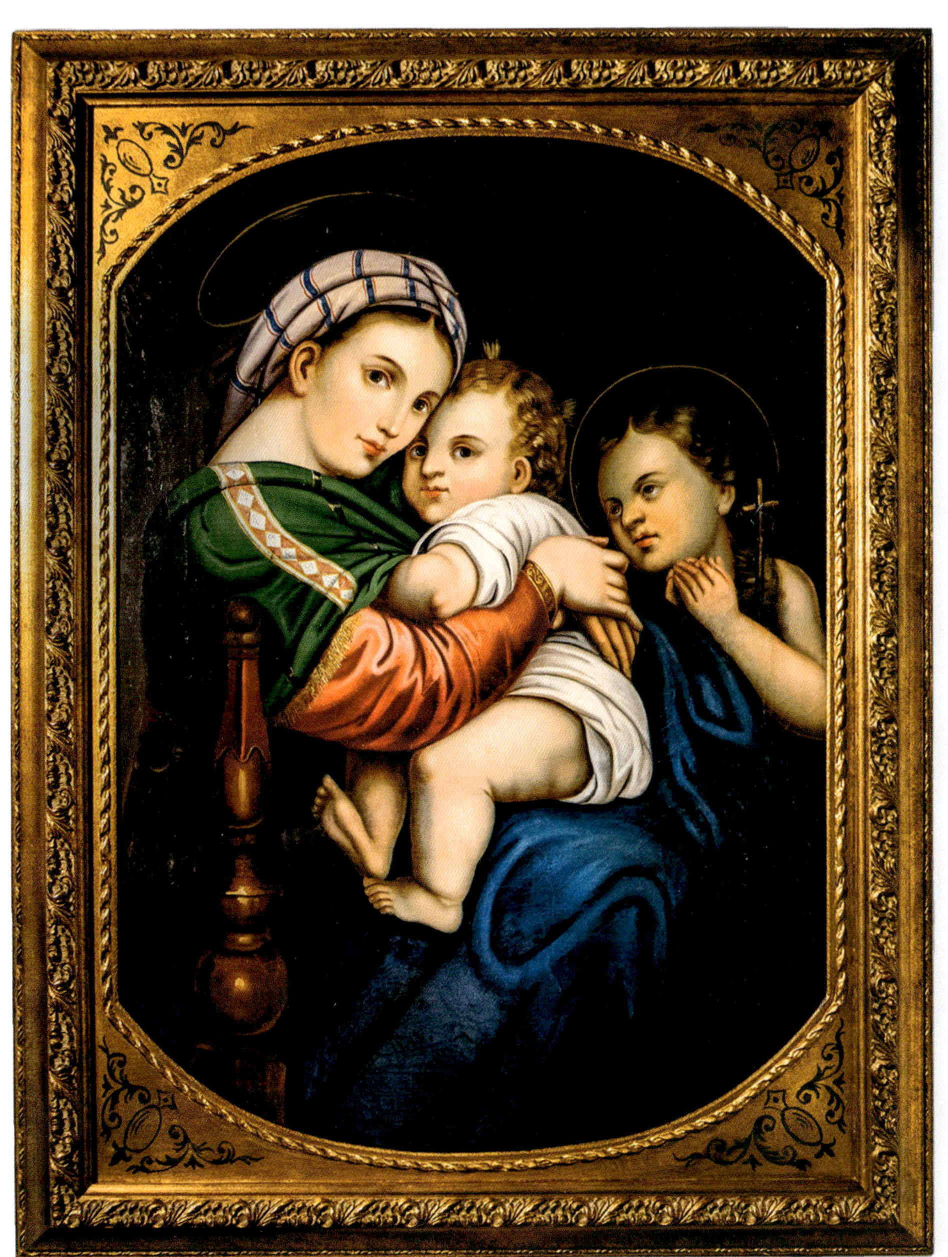

MADONNA DELLA SEGGIOLA

Rafael Sanzio, 1514
Copia del s. XIX, autor anónimo
Colección Juan Luis Arsuaga

MADONNA DELLA SEGGIOLA

Raffaello Sanzio, 1514
19th-century copy, anonymous artist
Juan Luis Arsuaga Collection